suncolor

suncolor

撕下標籤，別讓世界看扁你

我們都值得被看見！
技職老師與學生的追夢故事

技職奧運國家隊教練、師鐸獎得主
楊弘意老師 著

suncolor
三采文化

推薦序〉

一起懷抱著柔軟的善意，面對這個世界

財團法人十大傑出青年基金會董事長　王金平

十大傑出青年選拔已歷五十八屆，五十八年來這些傑出青年為社會帶來了正面的示範作用，發揮了當年創辦十傑選拔的重大意義。

在諸多傑出青年當中，國立臺灣師範大學機電工程學系博士生、木柵高工機械科老師楊弘意，當選中華民國第五十七屆十大傑出青年，獲選理由為「培育技職金牌的重要推手」，至為特別，因此三采文化出版社，希望楊弘意能夠出一本書，一本勵志的書，將楊弘意的成長、任教和培訓國手的故事，來鼓勵正值國高中學習低成就的同學，努力學習，可期將來終底於成。

楊弘意從追求能夠讓自己發光，到成為手拿風箏的人只用了三十四年，從事教職第六年就得到教師界至高的榮譽「師鐸獎」，而且是臺灣史上最年輕的師鐸獎得獎人。真是難能可貴！

楊弘意曾任國家教育研究諮詢委員，積極推動產學跨校合作學習、協助培育師資為社會注入活力，藉由教育力量讓社會更進步；並推動國際文化見學活動，帶領學生出國實習、拓展學生國際視野，發展精密機械技術能力，帶動技職教育國際化。這是他能得獎的主要因素，而來自他超人一等的執著「一個自動化設備可以取代五十個平凡人，可是一個不平凡的人是沒有任何一個自動化設備可以取代的。」終能讓他和他的學生，甚至我們整個社會，一起變得剛強，一起懷抱著柔軟的善意，面對這個世界。

《撕下標籤，別讓世界看扁你》楊弘意敘述他的心路歷程，特別值得一讀的經驗傳承大作出版前，邀金平寫推薦序，金平欣然應允，不過寫序不敢當，就當祝賀詞吧！

推薦序

教育無它，唯愛與榜樣

木柵高工校長　李通傑

若要給青年學子一個學習的模範，那楊弘意老師絕對是最佳人選，他的奮鬥過程，他不惜代價全力付出的教育熱情，值得敬佩，更值得效法。

人若是有優渥顯赫家世的條件而成功，可喜，也不簡單；但弘意老師生活在彰化鄉下，就讀一般高職，讀書過程有一搭沒一搭的，後來奮發向上，甚至還攻讀博士。他是良師，而自身付出的努力，對於學子而言，亦是非常勵志的故事。

弘意老師予人滿滿正向的能量，他因為喜歡鑽研技術而成為選手，長期涵養出積極認真的特質，讓他在就讀師範大學時，便獲得上銀科技碩士論文獎，這證明了：技術卓越的人才，也能在學術擁有一席之地，這不只是弘意老師的成功，更是對技職學生莫大的鼓舞；正當產業界看中楊老師的才華，重金預約聘請時，他卻選擇了木柵高工，肩負起作育英才的重責，這是臺灣教育之幸！

當弘意老師進入木柵高工後，短短數年，讓本校機械科學生從原先對技能競賽「不敢抱希望」的窘境，而今，成為競賽金牌隊伍，弘意老師成功燃起學生技能學習的興趣，最近更年年培育參與世界技能競賽的國手，為國爭光。

因為他無私奉獻的熱情，讓木柵高工學生表現優異亮眼，受到全體師生家長敬佩；楊老師獲獎無數，從大愛菁師獎、臺北市特殊優良教師、教育部全國師鐸獎，更是基層勞教類全國十大傑出青年，這些獎項，是對楊老師優異表現的肯定與尊崇。

技職教育是國家培育產業菁英重要的管道，楊弘意老師秉持對教育的熱愛，為學生建立榜樣，毫不藏私，這一本書，記錄了他的曲折人生、教育理念，更珍貴的是他與木柵高工學子的真切互動，令人感動——教育很簡單，就是幫助孩子認識自己，發展自己；但教育也很難，仰賴老師因材施教、適性揚才，給予孩子舞臺。願這本書能像是聚光燈，照亮正在閱讀的你，不論是孩子或家長，都有所啟發。

推薦序〉

讓學生展現出最亮眼的一面

臺灣師範大學機電工程學系教授兼系主任　陳順同

「不要太在乎結果，只問訓練過程，是否已盡全力？」數十年來，我都是這樣勉勵學生，弘意真正做到了，他一步一腳印，步步踩深踏穩，很樂見他把努力的軌跡記錄下來，成就這本書，相信為人師表的他，未來也會秉持著這份努力不懈的精神，持續在教育界發光發亮。

在我任教的臺師大機電工程學系，每年招收一半來自技職體系的學生，這些學生多半有很不錯的技術，如果給他們舞臺，他們一定能揮灑得淋漓盡致。

弘意就是個例子。

曾幾何時，來自臺灣中部純樸鄉鎮的青年楊弘意，也成為臺師大機電系的一份子，他努力在校園裡脫穎而出，卻苦無方法和機會；某一天，迷失的他與我深談，開始嘗試在專題方面，努力走自己的路，而他也成為我任職臺師大後，第一位跟著我從事精微工具機開發研究的學生。

環顧實習工廠，所有機具設備幾乎都難不倒出身職校的弘意，即使他忙到廢寢忘食，弘意對於專題的投入依舊甘之如飴，最終，弘意這一組在系上的專題競賽中拿下特優的好成績；不過，他還想更上一層樓，因此拾起書本，參加研究所推甄。

然而，在系上，弘意的大學課業成績並不理想，我深知他的個性，用激勵代替鼓勵，每周嚴格地督促他讀書，檢視他工程數學的每一頁筆記；數月後，他在研究所的入學考試中綻放，通過入學門檻，但隨之而來，是更具挑戰性的研究工作——開發「複合式精微工具機」——這是我個人在臺大機械系的研究主題，也希望傳承給學生，讓這項技術在臺師大紮根、開花、結果。

從設計開始，到分析、加工、組裝、校正、測試，乃至應用，我教給弘意每一個細節，他也很努力，珍惜每一分鐘可以學習的機會，包括工具機的細部設計、製造，還有「機」、「電」、「軟體」和「硬體」的整合，終於，建構出師大第一部「複合式精微工具機」。

這項開發，讓弘意在第七屆「上銀機械碩士論文獎」競賽中，置身臺、清、交、成等名校的競爭對手中，獲得最高榮耀的「金質獎」獎金一百萬元，寫下一頁歷史。

只要是對的方向、對的方法，和持續不懈的努力，便有機會展現出最亮眼的一面，這是教育可喜之處，相信也是這本書希望傳遞的精神。

推薦序〉

技能成為人生的轉捩點

勞動部長　許銘春

二〇二〇年，全球每一個國家都不安定的一年，武漢肺炎嚴重影響人類的生活，口罩成為生活必需品，各種聚會及活動演出都因此暫停辦理；而臺灣是少數幸運的國家，因為政府的防疫超前部署，臺灣人民過著正常的生活，而第五十屆全國技能競賽也得以照常舉辦，甚且因為二〇二〇年是臺灣加入國際技能組織的第五十年，這場競賽首次以國際賽規格擴大辦理，展現了臺灣雄厚的產業技術實力，這背後都歸功於有一群為技能發展默默貢獻的無名英雄，楊弘意老師就是其中一個。

臺灣從一九六八年起，每年舉辦全國技能競賽，這項比賽是技職學生最重要的擂臺賽，在比賽脫穎而出的選手，將成為技能國手，代表臺灣參加兩年一次的國際技能競賽。這五十屆以來，全國賽選拔出來的國手，為臺灣在國際賽奪牌爭光，回到國內，成技能國手的訓練老師，繼續技能紮根的使命，或是投入產業界工作，成為產業優質的人才，促進國家產業技術的發展。所以，技能教育是國家產業發展重要的一環，感謝弘意老師分享自己的成長與教學經驗，讓臺灣社會更了解技能競賽與技能教育。

技術再好、再強，也要透過人才能呈現，技術的價值就在人的思維，所以弘意老師除了在課堂上的教學要求嚴謹，還要求學生做人做事的規矩，從學習中找到自我的價值，這就是技能的最終精神。技能不僅是栽培國家優秀人才，技能還讓學生改變的生命，從挫敗中學習成長，最後奪牌保送大學，技能成為人生的轉捩點，這也是勞動部投入資源極力推動技能教育的初衷，每一個人都找到一個讓自己安身立命的工作，甚至像弘意老師一樣，把技能教育當成志業。

隨著國際疫情的升溫，二〇二一年在中國上海的國際賽已經宣布延後一年辦理，但臺灣的技能教育腳步沒因此停下，勞動部持續投入資源更新訓練設備，弘意老師持續栽培國手，二〇二一年的全國賽也將移師到高雄舉辦，讓更多的民眾看到技職學生的表現，讓更多年輕人願意投入技能的學習。

屆時，歡迎蒞臨比賽現場尋找楊弘意老師以及他的得意門生！

推薦序〉

曾經的他，成了現在的他

Skills for U 執行長／技職3.0總編輯　黃偉翔

楊弘意老師，是現今少有的技職教師魂，在我眼中，他的價值不在於獲得多少獎項，而是曾為「社會價值中的失敗組」；他沒有顯赫學歷與家世背景，不是眼裡只有「菁英學生」的教師，因為當過失敗組，才可以同理廣大「失敗組學生」的處境，為了協助更多當年的「他」，而透過技能教學改變許多青少年的一生，是最讓我感動的部分。

楊弘意作過弊、偷過錢、穿耳洞……背後源自於迷失，找不到對自己的認同感，直到「一塊鐵」的成就感，在一次又一次的技能練習中找到自我，進而奠定用技職教育翻轉學生人生的人生目標，願意為了學生，直到深夜實習工廠燈火通明，才願意回家。楊有能力也有意願，接住那些不被社會關注的「孩子們」。

其實楊弘意最值得我們學習的，不只是對專業的堅持、教育的愛，更不是他如何接連拿下十大傑出青年、師鐸獎、Super 教師獎、金鐸獎……而是「自我覺察」能力。

當人生逆風時所面臨的挫折與低潮，如何持續與自己對話，往往是扭轉局勢的關鍵；當人生順風時所面臨的驕傲與光彩，如何保持警惕不膨脹，仍能持續與自己對話，讓人生不因外在鎂光燈而迷失，反而是謹記初衷。楊弘意的自我覺察能力，促使曾經的他，成了現在的他，多少人在這人生旅途中迷失自我，而楊是何其不易。

我因為經營《技職3.0》獨立媒體，經常在各種競賽現場遇到楊弘意，不論是國內外的比賽，他總是默默在場外，等待著他那一屆又一屆的參賽學生；照道理來說，比賽是學生的事，指導老師只要等結果出來，有得獎就露臉拍照、沒得獎就拍拍屁股不當一回事，可是我經常在競賽場遠遠看過去，楊那不時盼望學生的神情，把每位學生的參賽當作是自己在參賽般重要，這樣的心境、這樣的溫柔，在這時代的老師已不多見。

我有幸在楊弘意老師獲得十大傑出青年的下一屆獲選，申請過程，楊弘意總是給我鼓勵，他那希望他人更好的心意，不只對自己班上的學生，只要是生命所接觸之人，他都有這份心、這份情。這心情不只讓人感動，也值得我們所有人學習。

作者序〉

記得那些堅硬與柔軟

一塊生硬冰冷的鋼，透過專業者的手工，搭配機具，注入靈魂，賦予延展與線條，有了生命。

那是機械加工當中「鉗工」的精神，其實，也是教育。

我出生在敦厚純樸的鄉下家庭，父母在彰化經營小五金工廠，阿公、阿嬤在菜市場賣豬肉超過半世紀，就連我結婚時，他們也不願放下攤子，只因為阿嬤不願中斷她的「紀錄」。

曾經，我是一塊頑石，穿耳洞、染金髮、刺青樣樣來，考進彰化高工後，一堂機械實習課，讓我的腦袋好似被重擊，原來，工廠這麼好玩！原來，實習課程可以馬上看見自己的努力結晶，那樣的成就感，讓我重拾信心，還考進臺灣師範大學，甚至成為老師、攻讀博士。

時間磨去自以為是的鋒芒，回想起來，我從硬梆梆的機械領域，一腳踏入最該秉持柔軟心的教育崗位，我必須承認，而今，每一次站上講臺，我仍會不安、仍會徬徨，總覺得自己必須更好一些，反覆思忖著如何將專注與堅持的態度，傳遞給我的學生、選手，感染更多的人。

二〇一九年，我成為人父、當選十大傑出青年、學生拿到技職競賽的金牌，身為基層老師，可以得到學校支持，被社會看見，被國家重視，我何其有幸？隨之而來的，我卻感覺肩頭上有一股壓力，這也是驅動我努力寫書的重要力量。

臺灣有很多扛著使命的好老師，當我們對於高等教育，力求與世界一流大學比肩，而這一本書，希望退後一步，接一點地氣，從技職教育第一線的老師，還有學生的目光出發，讓讀者了解教育體系中最容易被忽略，卻也是厚植國家專業技術力最重要的一環，許多人誤以為黑手是「夕陽產業」，殊不知，這群工廠裡奮戰的孩子，正閃閃發著金光。

而光的背後，有不眠不休的努力，而我之所以熱血，來自於涵養我的彰化高工、栽培我的臺灣師範大學、包容我的木柵高工，更有我的至親和學生——記得前臺大醫院院長何弘能曾說，人生有三大樂事：第一，太太不會干涉你做什麼；第二，有聰明又上進的學生，願意和你一起學習；第三，和全國最優秀的人才一起共事——我很幸運，三者皆有！

翻開這一本書的同時，你可能忍不住揉揉眼睛，覺得這位弘意老師根本是「魯蛇」吧？是啊！多虧了臺灣師範大學許全守、陳順同教授，接住了我、拋光了我，而今，我努力以報，把當初老師教我的，交棒給下一代，讓每一個獨立的生命，都能因為我們師生相遇了，有所不同。

憨慢說話如我，費時大半年，才完成這從不在人生藍圖中的一本書，但生命不正因為未知而充滿挑戰、無比精彩？最後，謝謝三采文化看到我的故事，我始終相信：努力，可以帶來一點幸運，希望這本書可以陪伴你。

一起變得剛強，一起懷抱著柔軟的善意，面對這個世界。

目錄

推薦序
• 王金平　一起懷抱著柔軟的善意，面對這個世界　2
• 李通傑　教育無它，唯愛與榜樣　4
• 陳順同　讓學生展現出最亮眼的一面　7
• 許銘春　技能成為人生的轉捩點　10
• 黃偉翔　曾經的他，成了現在的他　13

作者序
記得那些堅硬與柔軟　16

Chapter 1
等著讓自己發光的那一天　**25**
稻田中的五金工廠　26
魯蛇的人生逆轉　34
從穿八次耳洞的耍帥少年到金牌得主　42
我討厭我自己　52
金髮少年蛻變的重要推手　62

不幸中的幸運兒 72
報紙上的人，是你兒子嗎？ 82
給兒子倫倫的一封信 92

Chapter 2

手拿風箏的人 99

讓孩子把握住起風時，勇於放飛自我 100
無論人生如何走，都別丟失了自己的本心 110
砍掉重練，整理力就是學習力 118
我們都需要有「重開機」的機會 128
翻轉教育，是一種因材施教的教育模式 136
何不望子成黑手？ 142
三分頭的堅持 152
透過教育，低階層社會的孩子也有翻身的機會 162
有些孩子，我還是鬆手了 170

Chapter 3

每個人都有故事 187

第一號弟子，破英文的國際賽體驗 188
修教育學程，夢想踏上人師之路 198
四顆被遺忘的螺絲 208
被家人放棄的慢．烏．龜 218
從跑道到工廠，轉換賽道風景 228
告別手機遊戲，從跨考中展現改變的勇氣 236
卸下自我質疑，懷抱機師夢 246
屢敗，屢戰！就是想成為臺灣國手 256
努力大於天賦的孩子 268
從越南到臺灣的生存挑戰 276
國中成績倒數，卻成為最年輕的金牌得主 286

Chapter 1

等著
讓自己發光的
那一天

家庭五金在臺灣早已不再有競爭優勢，

製造業外移，彷彿籃球場上人潮散盡，毛利率不到百分之十，

只有我爸、我媽依舊念念不忘。

稻田中的五金工廠

框啷，框啷，框啷……

螺絲釘輾壓完成後的聲響，規律而清脆，這是兒時最明晰的聲音；而衣服上洗不去的機油味，也是日常，那是屬於工廠囝仔鼻息間的記憶。

彰化縣和美鎮，古稱「卡里善」，在平埔族巴布薩族語中有「熱與冷交界地、氣候溫和、環境優美」的意思，也是我出生的地方。楊家在我曾祖父那一輩，不是農夫就是工人，而曾祖父生了九個孩子，全擠在三合院，開枝散葉，長成了賣豆干、賣雜糧、賣油麵的攤販；四叔公跟我的阿公、阿嬤則是賣豬肉的，市場收攤後兼著做田、種稻，年復一年，就這樣超過半世紀，直到現在，阿公八十多歲了還沒退休。

至於我爸，他踏上一條完全不同的路，一九五九年出生的他，小時候，白天在菜市場幫忙賣肉、載肉，市場收攤才去上學；明道中學夜間部畢業後，在二十歲創業，趕上了狂飆的一九七〇年代，臺灣度過石油危機，與南韓、香港及新加坡變身「亞洲四小龍」（而今這個名詞顯得有些過時），蔣中正去世，主導十大建設的蔣經國繼任中華民國第六任總統。

大時代的洪流裡，總是有無數面目模糊的小人物，譬如我的爸爸、媽媽。

爸爸手握向家人借來的十萬元，添購設備，創業開起「家庭五金工廠」，工廠並不位在工業區，整條馬路放眼望去，是稻穗和田中的墓丘……

而我家「廠房合一」，就這樣，一對年輕夫婦帶兩個工人，從早忙到晚，機器搭配手工，產出一顆顆螺絲釘，也產出我們四男一女。

寫這本書的此刻，我三十四歲，而爸爸在我的年紀，已經生了五個小孩，我排行老二，最小的是妹妹。

背負長孫責任感與壓力的父親

關於爸爸，他對我的影響深刻而無形。他憨慢說話，寫字像是女生般工整，這讓我習慣一筆筆「刻字」。小時候，他開車載我，見到工地有鋼筋沒綁好，他會繞回來，費心處理凸出路邊、可能傷人的鋼筋。這樣多管閒事的男子，自然也養育了好為人師的我。

而爸媽都是生性節儉的人，在鄉間開工廠的他們，其實在物質上應該可以滿足孩子夢想的一切，但他們幾乎「零社交」（這可能也是家裡生意走下坡的原因之一），念小學時，眼見別人的媽媽光鮮亮麗，我媽明明是工廠老闆娘，顏色好像都是灰灰的；當其他孩子在崇拜美國NBA芝加哥公牛隊、穿NIKE，媽媽卻是帶我去菜市場買仿冒品。那件我早已不穿了的山寨版外套，如今又被她揀去穿。

工廠全盛時期，毛利率上看百分之三十到四十，月營收百萬元，但爸爸不懂理財，懷抱著傳統「有土斯有財」的觀念，買地種田、擴建工廠，在我念國小時，家裡工廠「發育」得跟木柵高工活動中心差不多大，可以容納兩個籃球全場——然而，家庭五金在臺灣早已不再有競爭優勢，製造業外移，彷彿籃球場上人潮散盡，毛利率不到百分之十，只有我爸、我媽依舊念念不忘。

阿公、阿嬤是賣豬肉的，市場收攤後還兼著種田、種稻，就這樣超過半世紀，阿公八十多歲了還未退休。

爸爸不是沒想過讓工廠轉型。身為楊家那一輩「長孫」的他，是家族舞臺上最孤獨、又最必須硬著頭皮出演的主角，他花兩千萬擴建鐵皮屋工廠，連重型天車工程都完成了，發現苗頭不對，趕緊踩煞車；看到家庭五金生意難以為繼，他養肉羊，在家裡為羊交配（我還幫忙接生過……），只是他終究不擅長畜牧。

羊群散了，不知不覺，蒙塵的工具機已比我還老，原本在彰化基督教醫院工作的哥哥，因為媽媽心臟開刀、弟弟車禍重傷，決定辭去工作、返家幫忙。至今媽媽常感嘆著對哥哥的歉意，得讓他做那些螺絲校模的工作，撐起沒有掌聲的工廠。

老實說，小時候的我非常平凡，一心想當運動員，
但打球不行、跑步落後人，運動競賽自然沒我的份，
就連大隊接力也排不上棒次……

魯蛇的人生逆轉

爸爸在一九七九年創業，恰好碰上臺灣經濟起飛，只要是孩子開口想學才藝，他都支持——光是我就曾學過珠心算、書法、鋼琴、游泳；但老實說，小時候的我非常平凡，一心想當運動員，但打球不行、跑步落後人，運動競賽自然沒我的份，就連大隊接力也排不上棒次；學業成績平平（幸好父母從來不給我課業壓力），想要參加學校樂隊打鼓、為國歌伴奏，也被音樂老師拒於門外，擔心瘦弱的我揹不動鼓，還沒來得及嘗試，我就被淘汰了。

夠魯蛇了吧？

雖然頭腦不如人，但我從小就很勤勞，透早會去市場裡賣豬肉，中午陪阿公去拍賣場買豬仔，下午再去農地裡幫忙：插秧、除草、灑肥料、曬稻穀我都會，動手做的我都喜歡，倒是頭腦好的哥哥，相比之下顯得興趣缺缺。

直到小學三年級，彰化有跆拳道道館招生，我展開跆拳道練習生涯，一路過關斬將，拿到黑帶二段。直到今日，我的韌性與勤勞應該都要歸功於當時的跆拳道基本功。練習了一年，我參加縣長盃，記得在四強賽中還被踢到生殖器，當場痛到暈過去，但我沒放棄，繼續比下去，最後拿到第二名。

後來因為媽媽聽人家說過度拉筋會長不高，禁止我再去道館，跆拳夢也就這樣戛然而止。

偷錢、無照駕駛、彈子房的生活

好勝心也曾經狠狠吞噬我，形成籠罩我的陰影：從來沒在段考拿第一名，小學五年級時卻因為在走廊發生意外而缺席考試。我異想天開，找考完試的同學探聽題目、答案，後來段考補考，作弊的我每科都拿一百分；正當我以為終於可以跟成績優秀的大哥一樣上臺領獎、成為眾人注目的主角，老天有眼，頒獎那天外頭下起大雨，我只能在走廊領取那良心不安的「獎」，除了自己知道，老天爺應該也看得一清二楚。

讀和美國中以後，小聰明變成了叛逆。由於家裡有五個孩子，開銷很大，每次去市區，媽媽只給我五十元，就算加上自己的零用錢，到麥當勞也只夠買兒童餐，周末想出門還會被限制。見到同學的媽媽開賓士來接，自己的媽媽開的是貨車，每次下課都很怕被同學看到我的「專車」，有時候副駕駛座放了貨物，我還得站在貨斗上面，那種「丟臉」感湧上心頭……

我甚至還曾因為媽媽晚一點到學校接送，一上車就吵吵鬧鬧，媽媽大發脾氣，用力往我大腿擰了一下。

儘管「名目」零用錢不多，我把歪腦筋動到家用上：掌管家務和工廠的媽媽，一次都去銀行領十萬元充當家用和工廠雜支，我發現那神祕的藏錢處之後，開始偷拿錢。起初比較緊張，一次只敢拿一張，後來愈拿愈多張。媽媽不知道有沒有記帳？會發現嗎？到今天，她都沒說破。

叛逆少年雖然叛逆，卻也會衝刺。拚考試時，我可以熬夜讀到天亮，但一考完，幾乎完全忘記讀了些什麼……國二分班後，我吊車尾編入了A段班，儘管當時臺灣已經宣稱是「常態編班」，和美國中還是有能力分班：參考國中一年級的全校排名，由好到壞，把二十四個班級分為A^+、A^-、B^+、B^-四個程度，同時學校也刻意把好的班排在高樓層、差的班排在低樓層。就這樣，我跟好朋友們被分配到不同的班級、不同樓層，畢業後，有些同學讀日間部，有的讀夜間部、半工半讀，我們的人生也慢慢出現叉路。

不是不讀書，就為了賭一口氣

家裡離學校有一段距離，改裝腳踏車漸漸無法滿足我追風的欲望。讀國三時，我無照騎摩托車，流連在夜市、同學家、彈子房之間。有回我跟朋友去打撞球，其實也不明白是哪裡得罪人，有人突然拿安全帽K我，接下來我的記憶斷片，殘存的印象是：我躺在沙發上，用舌頭頂住牙齒，壓了好一段時間，但門牙還是斷了。

國三時，我一直保持在A⁺班的五名內——倒數的。慘澹成績的背後，帶點賭氣的味道：那時的導師Y是學校的名師，以「打學生出名」，對於弱勢的學生更有差別待遇，不是疼惜，而是幾乎視而不見，甚至會讓自己疼愛的學生有「處罰其他同學」的權力。Y老師對我少有鼓勵，更多的是唱衰、覺得楊弘意就是「鳥」——叛逆的我也就軟爛給老師看。為了翹課，我不惜打破教室玻璃，再扛著破窗出去補，花幾十元買自由。

Y老師對我後來決定從事教職有很深的影響，知道該更用心地照顧學習落後的孩子。時間愈接近大考，我離開家的欲望愈強，原本想報考「國立虎尾技術學院」動力機械系（編按：當時虎尾技術學院仍有五專制，二〇〇四年改名為「國立虎尾科技大學」），媽媽不准，我才硬著頭皮去考第一屆基本學力測驗。

放榜後，我考上國立彰化師範大學附屬高級工業職業學校（在地人稱「彰工」），也踏上了扭轉一生的技職學習之路。

我把比賽的草圖練習了七十六遍，一直以為自己會拿金牌。

但故事並不總是像童話一般幸福快樂，

成績揭曉，我只得到第十四名。

從穿八次耳洞的耍帥少年到金牌得主

剛考上彰化高工時，爸媽儘管想把我「拉在身邊」，卻管不住我，我連參加開學新生訓練都是無照騎摩托車去的，爸媽沒有罵我，而是選擇靜默、冷戰。

考上高工，反而是失去目標的開始。在彰化火車站附近，有曾經繁華一時的「永樂街」，我想耍帥，故意趁剪頭髮時在耳邊刻三條線；又跑去穿耳洞、戴上黑色金屬質地耳環，塗黑色指甲油，有種搖滾的味道——在鄉下簡直是異類。

全班直到畢業之前，也只有我穿耳洞。

前前後後，我打了八次耳洞，但為了不想跟爸媽正面衝突，我會在到家前先把耳環取下。有一回升旗，班導師巡視，見我用透氣膠帶掩蓋耳環，硬是擰著我的耳垂，在全校師生面前把我拖去教官室，還打電話給我媽、指責我穿耳洞；媽媽倒也沒多說什麼。

若要說有什麼生活重心，應該就是社團活動了。我喜歡聽伍佰、閃靈樂團，便參加了熱音社，指導老師是彰化很夯的樂器行「新勢力音樂工作室」老闆。也許是天生叛逆，當同學衝向夯店補習樂器，我找了另一間曾在那卡西當伴奏的老闆學電吉他，每天一下課、甚至是六日，都去幫忙顧店、練琴，後來老闆也沒收我學費了。

我揪了班上一起鬼混的好朋友組樂團，有人當主唱，有人學 BASS，有人打爵士鼓；包括我在內，那群穿著水藍色實習服的少年，現在都成了爸爸。

彼時家境漸入小康，工廠在一樓，二樓則是房間，每個房間都有分機，孩子各有自己的電話號碼，但光是市內電話還不能滿足我，同學擁有的物質享受，我也想要——未成年的我跟風想辦手機，只好跟阿公借身分證，偷家裡的錢去買手機；手機辦成了，為了跟心儀的女生熱線，一個月的手機電話費竟然也曾經上看萬元。

高一人生就這樣渾渾噩噩，想打籃球校隊被淘汰、樂團練習得零零落落，喜歡的女生看不上我；迷惘我的就像是「樹枝孤鳥」唱的「堂堂男兒無路用／心肝全碎太倔強」。

一塊鐵開始的成就感

那好吧，試試看讀書——我在高二開始參加晚自習。為了驅趕瞌睡蟲，只好拚命喝水、拚命尿尿，讓身體一直動。開學後第一次段考，我考全班第二名，這成績震撼了我：原來讀書不難欸？

全班也嚇一跳。

我慢慢發現，我在術科實作有一點天賦。鉗工和車床課程是機械科的入門，起點是從一塊鐵開始，在上面鋸切出十條線，看夠不夠直、有沒有等寬。我一鋸完，老師便點點頭，帶我去找教練，鼓勵我參加技能競賽，這對迷失少年來說是很大的肯定。

高二升高三暑假，我參加學校的「技能培訓營」，在班上有個一起練

拿到中區第三名，晉級全國賽後，又在十五人中拿下金牌，奪金的瞬間，第十四名的陰霾已煙消雲散。

習的戰友，也是我最強的對手，他和我只有一人可以出線，代表學校參加比賽。暑假開始，老師每天出作業，不服輸的我，自我要求練習量必須比對手多一倍；記得班導師曾告訴我一句話：「當選手沒特別的捷徑，人家練習兩小時，你就練習四小時……」

漸漸地，我們的差距愈來愈大，技能培訓營還沒結束，競爭對手早已自動退出練習，而我成了代表彰工參加全國工業類科技藝競賽「車床職類」的選手。練習的過程是這樣的：早上七點之前先到選手室，八點回到教室上課，下午四點再去選手室練到晚上十一點，包含假日，遇到颱風天放假也一樣，媽媽會送我到離工廠最近的校門，要是累了，我就把課桌椅併起來，躺在上面睡一下。

工科賽前，我把公告比賽的草圖練習了七十六遍（後來我成為老師，要求學生得練習一百遍），愈練愈有信心，一直以為自己會拿金牌。但故事並不總是像童話一般幸福快樂，成績揭曉，我只得到第十四名。

如今回想，我只是悶著頭練習，完全活在自己的世界裡，根本聽不進老師的建議，也沒有跟別人切磋。單看成品外觀是還不錯，但尺寸公差都在〇．〇一mm（俗稱「一條」）的精度，是頭髮的十分之一細，根本無法從外觀評量。我的工作程序有很大的問題。

比學生更瘋魔的恩師

工科賽失利之後，我更木訥了。

緊接著，由勞委會（現改制升格為「勞動部」）主辦的「全國技能競賽」登場！全國技能競賽是每年一次的技職學校盛會，自一九六〇年代開始舉辦，至二〇二〇年邁入第五十屆，比賽背後的意義，除了在刺激職業教育與職能訓練更蓬勃發展，也要選拔國手，代表臺灣參與兩年一次的國際競賽，年齡需為二十一歲以下。

比賽時，由於沒有車床項目，我只好改報名「鉗工」。有了前車之鑑，我練習起來更加瘋魔，把二、三十年來所有的題目全部挖出來做了一遍，指導的彰工恩師林圳明老師則比我還要早到學校，只為檢視我前一日練習製作的工件，把可以改進的小地方一一列在便條紙上——這為我樹立了很棒的典範。

當老師比學生還要認真時，學生往往會被激勵——林圳明老師很懂學生，在我練習時完全不會跟我講話，而是等到我完成自己設定的練習工作後，才會一起討論。最讓我印象深刻的是，他總把自己的午餐便當給我，並叮囑我「弘意，記得吃飯！」飯菜冷了，關心卻一直暖暖的。

比賽結果揭曉，我先是拿到中區第三名，晉級全國賽後，又在十五人中拿下金牌。這番勝出也有命運之神的眷顧：那一屆比賽改變了規則，除了要會鉗工，也要懂車床和配電，對於練習過車床的我來說，意外具備優勢——奪金的瞬間，第十四名的陰霾已煙消雲散。

故事待續：林圳明老師已從彰工退休，但我們仍保持聯繫。他說，最遺憾的是我沒回彰化高工教書；而當年共同努力練習的選手同學，有一位老早就專注在鉗工專業，現在已經是一家彰化機械公司的老闆（賺的錢自然比一位老師多太多啦！）

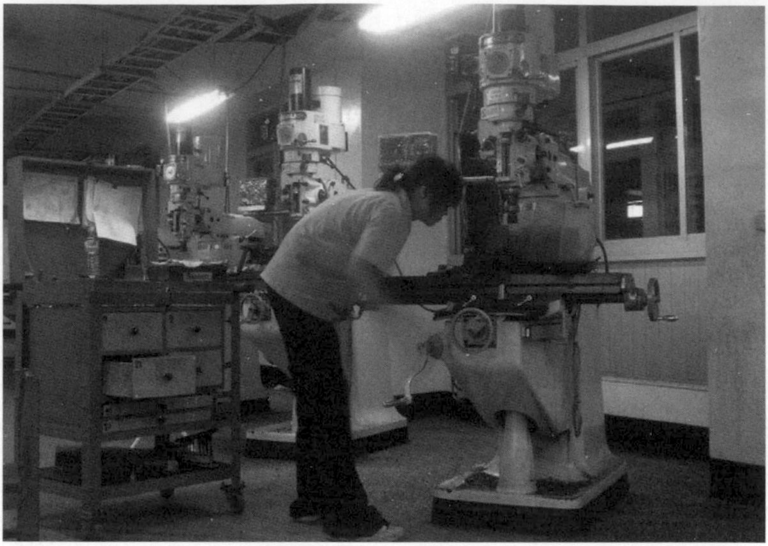

倘若有時光機，

讓現在當老師的我遇見那時的楊弘意，應該會直言不諱：

光看服裝儀容就沒資格當選手了，遑論國手？

我討厭我自己

高中畢業，我拿到鉗工金牌，取得參選國手的入場券。雖然一直告訴自己不能太臭屁，現在回想起來，只能說：我討厭那個楊弘意。

那個二十歲，留長髮、綁馬尾，明明是大學生卻大搖大擺穿著彰工制服，回到母校訓練的我。

那個剛剛跨過八月生日，無視於當時女友的卡片，只覺得她不應該打擾我的二十歲的我。

那個看不到自己缺點，面對一起練習的彰工學弟，也擺出高人一等姿態的二十歲的我。

那個二十歲的我，根本不配當國手。

如今回想，倘若有時光機，讓現在當老師的我遇見那時的楊弘意，應該會直言不諱：光是看服裝儀容就沒資格當選手了，遑論國手？

期待撕下「不讀書的小孩才會讀高職」的標籤

當我考進師範大學機電工程學系，對學長（歷屆國手）來說，我這個打敗他們的學弟絕對是怎麼看都不會順眼的——於是才入住宿舍沒多久，學長就把我叫去宿舍陽臺說要談判。我單刀赴會，談些什麼我已經全然忘記，簡言之就是「幼稚」二字吧！也因為這些學長，我心中對技職國手的憧憬瞬間扣分。

當時，少數國手的技術能力很強，但在學業、品格養成上，並不足以越過高等教育設下的門檻，於是怪象紛紛出現；不少技能頂尖的人才在大學殿堂被退學、二一（按：一學期所修學分中，二分之一學分不及格），甚至有人不擇手段作弊、與教授鬧得關係緊張。

記憶裡殘留的片段，正可以顯現臺灣技職教育的可惜之處，這或許也是為什麼職業教育一直被家長視為次等選擇的原因吧！一張張標籤：頭腦簡單，四肢發達，愛打架，不讀書的小孩才會讀高職……何時能被撕下？

那我呢？成績夠好嗎？其實並沒有。

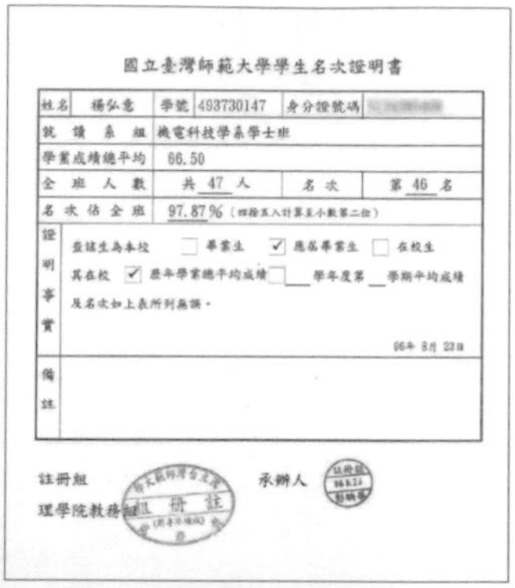

國立臺灣師範大學學生名次證明書

姓名	楊弘意	學號	493730147	身分證號碼	[illegible]
就讀系組	機電科技學系學士班				
學業成績總平均	66.50				
全班人數	共 47 人		名次	第 46 名	
名次佔全班	97.87%（四捨五入計算至小數第二位）				
證明事實	查該生為本校 □畢業生 ☑應屆畢業生 □在校生 其在校 ☑歷年學業總平均成績 □___學年度第___學期平均成績 及名次如上表所列無誤。 96年 8月 23日				
備註					

註冊組
理學院教務組
承辦人

一邊打工，一邊家教，還參加國手選拔，蠟燭多頭燒，我的課業成績慘不忍睹。畢業時，全班四十七人，我排第四十六名，工程數學三修，微積分更是修四次才通過。

滿腦子只想賺錢的大學生

大學的我，在師範大學的師長眼中，肯定是「問題學生」——我滿腦子不是課業，而是錢——我很愛錢、想讓家人過好生活，不讓家人為我擔心。

我大一就開始接家教，教國中理化、數學，最多曾同時有七個學生。一開始時薪兩百五十元，因為我自編講義，又頂著「師大」招牌，家長和學生一個接一個來，大學四年加上研究所兩年，靠家教應該有幫自己賺進一百萬元。

另外，我也跑去美式餐廳打工：倒也不是家裡經濟狀況很差，而是一種歉疚的心態——小時候，我一直偷拿父母放在工廠裡的錢，那疊鈔票是巨大的陰影，揮之不去，我因此在心中暗下決定，考上大學後，在臺北的生活絕不向家裡伸手拿一毛錢。

那時在餐廳洗碗的時薪是八十五元，若是幫忙晚上九點半後打烊的清潔工作，還可以多一百元。大家都不想做的工作，只要錢多我就願意接——二〇〇七年過年，我甚至提早從彰化回到臺北，就是為了打工、多賺一點，結果在下班後的深夜出車禍：一部逆向的車直接撞上騎摩托車的我，肇事者是個喝得醉醺醺的人，見我倒在地上、看起來沒事，就摸摸我的臉，掏出一千元要給我。我當下不知道是嚇傻了，還是被撞暈了，竟然只說：「現在是過年，你要用紅包袋包給我……」而忘了報警。等我回過神，闖禍的車子早已消失在夜色中。

臺北畢竟不是我的家

看似荷包滿滿的生活，其實家教、打工生涯並不好過，有時候家長不在，沒有辦法按照原先承諾的時間領錢，那陣子就過得很辛苦，最慘時全身只剩幾十元；倒也有快樂的時光，譬如可以申辦信用卡，買筆電給弟弟、妹妹……這種情況持續到當代理老師第一年，四弟剛畢業，想要一臺摩托車，我二話不說就花七萬元買給他。

身上沒錢也有好處。大學時曾接到詐騙電話，我上當了，認真要去提款機設定解除分期付款設定（詐騙集團慣用手法）。後來歹徒得知我的存款只有幾千元，懶得宰我這隻瘦羊，就把電話掛了。

來臺北念書，刷新了我的價值觀：停紅綠燈時，左手邊是一臺BMW的大七，右手邊則是運送資源回收物的三輪車；這就是臺北嗎？

在彰化念高工時，我告訴自己，摩托車後座不能隨便載女生，要載，只能載女朋友——當然一到臺北念書，原則就被打破了……

在餐廳打工時，我是新人，不懂清潔程序，店經理便找了一個前輩教我打掃，她居然直接牽著我的手，帶我擦玻璃、拋光樓梯銅條，打掃垃圾間——我不敢說話，內心一直納悶：這樣好嗎？

臺北也許真的不是我的家。

學科術科都被擊落

一邊打工，一邊家教，蠟燭多頭燒，我的課業成績慘不忍睹。畢業時，全班四十七人，我排第四十六名，工程數學三修，微積分更是修四次才通過——至於教育學程，按照當時規定，大二生才可以開始修，而且要前一學年成績達七十分以上，新學年才可以選修教程。我的成績根本不夠格，沒辦法每個學期都修課，一直拖到研究所，才好不容易完成教程的二十七學分。

學業不行，我自己以為技術過人，所以沒關係。因為參加國手選拔的年齡門檻上限是二十一歲，我在大三、二十歲那年奮力一搏——很感謝彰工的老師為我採購全新的工具，但我的專注力竟然放在「展示刀具有多麼厲害」，天真地以為：把工具車全部打開，就能展現必勝的氣勢——殊不知一到承辦學校（臺南高工）報到，就發現跟平時練習使用的機器不太一樣，節奏自然被打亂，做出來的工件品質也不如預期。

比賽當下，我就知道自己失敗了。但我沒有輸到底，因為遇見了翻轉我一生的恩師。

圖右為恩師許全守教授。

就如同多數學生一樣，對老師印象最深刻的，
總是那些領受待人接物的細細瑣瑣。
身而為師，也更加感謝老師沒丟棄曾經脫隊的我，
拾起我，領我繼續前行。

金髮少年蛻變的重要推手

有多少老師的名字，刻在你的心頭上？

從幼稚園到十二年國民義務教育，甚至到後來的碩士班、博士班，於我而言，師大工業教育學系的許全守教授，絕對是扭轉我一生的恩師。許教授與我同是彰化人（他是大城人，我則是和美人），有差不多的求學經歷；他是臺灣第一位鉗工國手，與多數技職學校學生一樣，外語是他的一大罩門，但他沒有放棄，憑著過人的意志力，以托福成績申請進入美國俄亥俄州立大學、取得博士。

技能競賽時，許教授是鉗工職類的裁判長，大三的我向他毛遂自薦：「老師，我可不可以當您的助教！」只是潑面而來的是一桶冷水——「要當我的助教可以，先把那頭長髮剪掉……」許全守教授見到的，是個染了一頭長長金髮的少年，而這位「金髮少年」還不知天高地厚，竟然想當教授身旁的助教。

我馬上剪掉的不只是頭髮，也有桀驁不馴的一部分。

受惠更深是身教

許教授在系上開的機械製造、感測器原理、機構學、數值控制（CNC）等課程，我都是臺下的修課學生。但就如同多數學生一樣，對老師印象最深刻的，總是那些待人接物的細細瑣瑣。

譬如家庭觀念。走進許全守教授的辦公室，高懸的是他已故母親的照片，當許教授知道我家裡有受傷的弟弟，他經常關心我何時交女友？原本他還勸阻我娶臺北的女生，希望我回彰化教書，下班後再協助父親經營搖搖欲墜的螺絲工廠，但偏偏我愛的妻子是臺北人。當我告訴他，太太不想生孩子，他說，要麼不生，要麼生兩個（這一點我還要多努力……），許教授比我的爸爸，更像是爸爸。

譬如待人。記得許全守老師請學生吃飯，我點了一份最便宜的套餐，本以為這是當學生的禮貌，卻被臭罵一頓，「如果老師帶你出門吃飯，就要點心中想吃的，不是只想著替老師省錢……」他馬上請服務生來，加點了一份最貴的套餐。

譬如成為一位老師。我是師大機電系的第一屆學生，班上四十七人中，後來投身教職者不到五位；二〇一〇年，我考上臺大機械博士班，也因為修教育學程，短暫休學半年，回母校彰化高工機械科實習。看似人生順遂，卻很快掉到谷底——我第一次考教檢沒能通過。儘管隔年通過了，又在全國教師聯招落榜。

是老天爺的安排吧？我根本就無法當老師——當我在臺大機械所的實驗室賭氣埋怨時，接到許老師的來電，電話那頭是親切的臺語：「你咧衝啥？不想當老師了？」聽到我喪氣的答案，許教授變得疾言厲色：「不管啦！你現在看臺北市還有哪些學校有缺，快去報名！」二〇一二年六月，臺北市只有松山工農、木柵高工兩所學校有代理老師的缺額，而木柵高工開出的代理老師工作內容，比較接近我的專業「機械加工」，我先是順利考上代理老師，而後成為正式老師，一切的一切，如果沒有許教授那一通電話，我也不會成為人師。

又譬如職涯發展。成為老師後，他希望我別把太多心力放在帶學生參

我的碩士論文拿下有臺灣諾貝爾獎之稱的「上銀碩士論文獎」第一名；且竟是該獎頒發六年來，第一位非臺大、清華、交通、成功四所頂尖大學的學生。（照片提供：上銀科技）

A20 產學交流 中華民國100年4月12日 星期二 Economic Daily News

上銀機械碩士論文獎 台師大師生鍍金

工教所研究生楊弘意與教授陳順同以「複合式精微工具機開發與應用」奪得金質獎與獎金100萬元

此圖翻攝自民國 100 年 4 月 12 日《經濟日報》A20 版

加國際競賽上。記得一日早上七點多，許教授突然打電話來，原來他造訪木柵高工，發現走廊上貼滿我帶學生參加國際賽的海報，他劈頭就問：「博士班讀了多久？到底何時要畢業？相較於國際賽，國內的技能競賽很公平，國際賽背後有諸多角力，不是靠『認真』就能得獎！」

那真是當頭棒喝。世界運轉，不是我這憨人認定的那樣。

和老師一起拿獎

二〇一八年，許教授和我分別獲得「資深優良教師獎」和「師鐸獎」，當時許教授已經春風化雨四十年，老天爺巧妙的安排，讓我們師徒一起拿獎，何其有幸？

而透過許全守教授的引薦，另一位深深影響我的老師出現了——我的碩士論文指導老師、師大機電工程學系教授陳順同。

念研究所原先完全不在我的計畫內，然而，如果沒有讀碩士班，我便無法完成教育學程，自然也當不成老師。大三上學期，我的成績依舊滿江紅，但許全守教授要我進陳順同教授的實驗室，從頭來過；那時，陳順同教授的實驗室剛起步，他領著學生一起打造實驗室，這對我後來在執教時幫助很多，從環境布置、處裡帳務，甚至是採購核銷，我早累積了經驗……

篳路藍縷，而成果豐碩，我從吊車尾的學生，慢慢迎頭趕上，碩士論文還拿下有臺灣諾貝爾獎之稱的「上銀碩士論文獎」第一名；難以想像的是，我竟然是該獎頒發六年來，第一位非臺大、清華、交通、成功四所頂尖大學的學生。

這一切成果，都要歸功於陳順同教授注重細節的栽培，這也影響了我日後把時間花在陪伴學生上——總是晚睡的陳順同教授，叮囑學生「有進度隨時都可以與他討論，假日也沒問題」，從論文圖片的畫素到文章的格式，他清楚制定，後來還推我一把，讓我到臺大機械博士班晃了一圈。

我很享受走在椰林大道的春風拂面，只是已經在木柵高工任教的我，實在不習慣實驗室的生活，最後又回到了陳教授的門下，進入師大博士班。

很多人生風景，老天爺已經安排好，低谷之後會有高山。後來身而為師，也更加感謝老師沒丟棄曾經脫隊的我，拾起我，領我繼續前行。

前前後後，三弟一共動了四次手術，

而家人的聲聲呼喚，終於盼到了奇蹟：

原本被判定是「極重度植物人」的三弟甦醒了！

不幸中的幸運兒

算命的曾說爸爸不適合殺羊、當屠夫。弟弟出車禍成了植物人的那一年，媽媽怨嘆：是不是報應？

二○○四年，我考上大學，爸爸的螺絲工廠生意已經十分慘澹，但路不轉人轉，他索性在鐵皮工廠裡飼養近兩百隻肉羊，只是糞便、尿液都沒有另外拉管線，同時欠缺衛生處理（這是違法的嗎？我不知道……）我放假回家，還要幫羊去勢。經營畜牧業、環境又不夠完善，難免會有跳蚤，我妹妹還因此去市區的阿嬤家住了好一陣子。

肉羊生意並沒有改善家裡的經濟狀況。爸爸依舊堅守著，直到二〇〇九年，還在念碩士班的我，回彰化高工擔任全國技藝競賽的工作人員。一晚，我開車回老家，遠遠望見一個騎摩托車的人，看起來迷路了。我內心嘀咕：那身影真像我的阿公啊……

剎那間，騎士摔進水溝裡，我趕快下車救援，而滿身泥濘的不是別人，真的是我阿公。他痛到無法起身，但是水溝深約一米半，兩旁都是水泥牆，靠他一己之力根本爬不起來，我趕快打電話動員哥哥、爸爸，一起把阿公拉上來。

然而，我弟弟就沒這麼好運了。

噩耗接二連三

二〇一〇年，我偷偷報考臺大機械所博士班，不敢聲張是因為怕漏氣。放榜後，我錄取了，沒想到才高興一下，打電話回家報喜，就聽到媽媽被診斷出患有心臟病，得做心臟瓣膜置換手術，阿公也幾乎在同一時間發現自己罹患口腔癌。但我永遠也沒料到，命運之神讓更大的災禍降臨在後頭。

八月二十九日那一天，當時正在屏東科技大學讀農企系的三弟，騎摩托車去買麵線羹，要帶去給在田裡工作的爸爸當午餐。但騎在田間的阡陌小路，他迷失方向，竟然與摩托車對撞，飛出去撞到橋墩，第一時間他還自己打電話給我嬸嬸，說自己出了車禍。

嬸嬸先趕到現場，說衣服都被血染紅了，麵線羹散落一地，也混著血；很快地，三弟被送去彰化基督教醫院，而當時正在彰化高工擔任實習老師的我，得知弟弟出車禍，也連忙衝去急診室。

那些細節，我至今無法忘記：護理師和醫師正閒聊著剛剛過去的七夕，去了哪裡慶祝、吃飯；警察則忙著對雙方做酒測——沒人知道弟弟撞到右臉、腦部出血——直到他突然吐血，護理師和醫師嚇了一跳，原本被當外傷處理的弟弟，開始亂叫，嚷嚷著耳朵很痛。醫師要家屬壓住他，注射鎮定劑，以利進行腦部斷層掃描。

醫師進一步檢查，發現弟弟要馬上做腦部手術，但手術結果非常不好：三弟的昏迷指數是三，腦部持續出血。醫師說：要看腦部能否自行吸收微量的出血，只能先把弟弟「放著」再觀察幾天；我每天結束彰化高工的實習教學，便跑去彰基的加護病房家屬休息室，內心默禱：三弟躺在病榻上，我要在外面給他力量。

七天後，我們覺得弟弟可能快支撐不下去，再放著一定會掛掉，趕快四處探詢，最後是新北市的亞東醫院願意收治，我們得先自費請救護車、兩位隨車護理師。就這樣，簽妥離院同意書，從彰基轉院直奔亞東醫院。下救護車後，爸爸在頭部裹滿紗布的三弟耳畔輕聲說：「幫你找到好醫師了，你要乖喔！」

我聽到時都快哭了。

當天，三弟馬上動腦部手術，為了方便探視，我們還在亞東醫院附近租了一間房子，準備長期抗戰。前前後後，三弟一共動了四次手術，而家人的聲聲呼喚，在三個月後盼到了奇蹟：原本被判定是「極重度植物人」的三弟甦醒了！三弟說，我們的呼喚他都聽得到，只是沒有力氣回應、睜開眼睛。那樣的感覺就像是在深海裡大聲說話，卻無人應。

用愛陪弟弟重新長大

因前額葉受創，三弟左側肢體無力、呼吸衰竭、難以表達自己的想法，全身只剩下右手能做一些些動作，他過去「認真」、「積極」的個性，被老天爺狠狠奪去。

爸爸瞬間白了頭髮，結束了肉羊事業，不當屠夫，重新陪著弟弟長大。他買來醫療病床、復健器材、長照輔具等，把家裡改造成復健中心；四處探詢偏方，連犀牛角粉都嘗試了……前前後後花了數百萬元。而三弟在休學三年後，為了讓他更有動力復健，決定重返學校，每天由爸、媽陪著他上課、幫忙寫筆記；回答申論題時，由他口述，爸爸代寫，終於在二〇一五年完成大學學業。

接踵而來的厄運，讓家裡愁雲慘霧，但這些不幸，成為我當老師最強大的反省和養分：我常常思索，弟弟雖然重殘，也算是不幸中的幸運兒了，如果不是因為爸媽自營螺絲工廠，上班時間自由，可以輪流照顧他，弟弟能有機會甦醒嗎？

在木柵高工任教，我看到了很多家庭貧困的孩子，為了分擔家計，他們除了要顧課業，還要打工賺錢、力爭上游；幽默的校長曾對我開玩笑，出去演講時，

三弟在休學三年後重返校園，每天由爸媽陪著他上課，幫忙寫筆記，終於在二〇一五年完成大學學業。左圖：中國時報資料照片，許智鈞攝

別說自己的學校很差，否則以後會招不到學生；一體兩面的是，我想如果可以誠實面對自己的缺點和不足，便是改變的第一步。

輸家，比贏家更沒有包袱，成長機會也更多；置之死地而後生，一旦稍稍躍起，便能引發強大的關注。弟弟在人生的旅程中重重摔了一跤，短暫的挫敗不代表一輩子再也爬不起來，除了眾人的支持，自己發揮意志力、堅持下去，終究有機會再站起。

（照片提供：總統府）

我拿到師鐸獎的這一刻，有一吐怨氣的感覺，

從小讀書不被看好，甚至被老師嘲笑瞧不起，

更是五個小孩中，讓爸媽最操心的一個……

報紙上的人，是你兒子嗎？

一年一度教師節，教育部今天在陽明山中山樓盛大舉辦師鐸獎和教育奉獻獎頒獎典禮，共有七十二名教師榮獲師鐸獎，十三名教師獲頒教育奉獻獎，兩百一十七名老師服務滿四十年獲頒資深優良教師獎。

最年輕的師鐸獎得主是年僅三十二歲臺北市木柵高工老師楊弘意，一天花十八小時在學校，結婚一年多，上班族妻子提過四次離婚……楊弘意教書六年就獲得師鐸獎的最高榮譽，他受訪時表示，他真的很認真教學，教到快要離婚，去年才剛結婚，妻子不諒解他每天花十六到十八小時在學校，周六和周日也都去學校，抱怨「我們的家都不是家，我們就分開。」幸好岳父力挺他「學生是老師最大的財富」。

——摘錄自二〇一八年九月二十八日，《自由時報》頭版，〈最年輕師鐸獎得主楊弘意 認真教學、教到快離婚〉

那是星期五的早晨，我媽媽跟一群老人在公園裡跳完早操，回到家，電話響起，是她的早操舞友、和美國中退休教務主任，他特別打電話來：「報紙頭版上的人，是你兒子嗎？」我媽媽瞥了一眼報紙，是真的，她開心到親了我爸一下。

另一頭，我正在開車，一位畢業的學生特別在社群軟體分享我得獎的新聞，順便跟我這「最菜師鐸獎得主」道恭喜，她說這篇貼文是她臉書上最多人按「讚」的文章。

教育部很貼心，特別選在九月二十七日頒獎，以利隔天教師節發布新聞，那幾天，媒體採訪的邀約和報導四面八方而來，印象最深刻的，是《蘋果日報》特別用了兩天貼身採訪，到班上觀察我上課的點點滴滴。

媒體報導的留言區，是我最害怕看到的地方，總有人不喜歡你、甚至有人會覺得我的認真努力就是為了要得獎，明明知道不該看，否則心情會受到影響，但還是忍不住看了，更難過的是，在我任教的木柵高工裡，一位老師在新聞下方留言「與其照顧別人家小孩，我還不如照顧自己的小孩，如果以後你的小孩長大長歪了，被人家指指點點，說你的爸爸是名師，就不要後悔！」

我因此生悶氣好一陣子；有需要這樣唱衰我的孩子嗎？何況那時候，我根本就還沒有小孩……

拿到師鐸獎的剎那，對於讀書不被看好，甚至曾被一些老師瞧不起，更是五個小孩中最讓爸媽操心的我來說，真的是開心至極。算一算來臺北讀書已經十幾年了，我對家裡沒什麼貢獻，更談不上衣錦還鄉，唯一能做的，就是認真教書，透過頒獎的機會，帶長輩一起出席，讓彰化的家人可以開心、放心。

師鐸獎的基本門檻，是在教職連續服務五年以上，且在現職學校服務滿一年。是校長注意到我已符合資格，鼓勵我報名，我才會衝。

會成為一位老師，完全是陰差陽錯。小時候，我想當運動員，想當警察，就是沒想過要當老師，直到考進師範大學，大一、大二成績太爛，大三才稍微好轉，卻來不及將教育學程修畢；大學快畢業，茫然中，才跑出「當老師」這個人生選項。

台灣優先 自由第一

自由時報

2018年9月28日／星期五

The LIBERTY TIMES

加碼投資 合作橫跨9大領域

臉書助台培訓5萬人才

明年啟動 培育1.5萬企業拓展市場

會 控中國干預選舉

可能不再是朋友

預選舉

是朋友

最年輕師鐸獎得主

熱血師為訓練學生 新婚差點離婚

32歲楊弘意 每天在校18小時

明年國際技能賽 盼助生奪金

高山幸福巴 生要搭

在每個學校裡，都有很多熱情的老師，我只是其中之一。下圖翻攝自 2018 年 9 月 28 日《自由時報》A1 版面不可諱言的，老師是一份相對穩當的工作，在社會結構上，多了幾分虛榮感，也因著「轉念」，我硬著頭皮繼續讀研究所。

走向平坦的道路上

人生的路好像慢慢被熨平了。二〇一〇年，我考上臺灣大學機械工程研究所博士班，在師大工業教育研究所的碩士論文《複合式精微工具機開發與應用》，又拿到上銀機械碩士論文獎金質獎及一百萬元獎金。

一邊念書，我還是渴求一份穩定的工作。很多人可能不知道，比起共同科目如國文、英文、數學，想成為學校編制內的正式老師，競爭者往往動輒百人起跳；相比之下，認真讀高職堪稱成為老師的「捷徑」，很多時候，職業類科如電子、電機、機械等專業領域的老師，報考人數比較少，平均二十多人錄取一人。

但我一開始，並沒有考上正式教師，是師大的恩師許全守教授不斷鼓勵我，先到木柵高工代理教師一年，隔年才考上正式教師。

拿到師鐸獎之後，過去我這個問題學生開始被母校看見，師培中心每年都會找我返校座談，和即將成為新鮮老師的「師資生」（按：以師大師資培育學院來說，包含師資培育生及教育學程生）聊一聊，為他們澆灌熱情；相較於到各級學校對老師們演講，我更愛與這些師資生交流，希望透過我的經驗分享，讓他們的教學之路更平順、更有熱情、更有目標。

二〇一九年，我幸運拿下中華民國第五十七屆「基層勞教類」的十大傑出青年，獲蔡英文總統接見，總統一一垂詢傑出青年，反骨的我忍不住發聲：先前帶學生去俄羅斯喀山參加技能競賽，幾乎餐餐吃泡麵，吃到後來已食不知味，反觀運動競技，政府可以支持廚師團隊，不知道技能競賽能否比照辦理？另外，教育部與其給予訓練技能競賽國手的指導老師「鐘點費」，不如考慮減少指導老師的授課節數，讓老師多花點時間栽培選手？

現場，教育部長也出席了，會後他馬上走過來，向我要手機號碼；很快地，當天下午我接到國教署長來電，一星期內他們便召開會議，決議未來學校如果訓練國手，指導老師可以選擇領取津貼，或者每周減少授課八個鐘點。

沒多久，再次展現「總統級行政效率」，勞動部長官致電，表明收到總統府便籤，問起國家隊出國時的伙食問題——這讓我意識到：要表達想法和理念，要跟關鍵人物說才有用，不然，就是石沉大海。

回首從彰工畢業，到臺北讀書、工作，至今十餘年了。很多人問我，博士班讀了那麼久，什麼時候才會畢業？也有人問我，在高職當老師，有沒有拿到博士應該不是這麼重要吧。

其實，我只是想把爸媽那個年代沒有機會讀的書，補回來；同時也為學生樹立上進的榜樣。在家族裡，我應該是第一位選擇「老師」這份工作的成員，能獲得國家的肯定，何其光榮？

教育是一切的根本，也是社會進步的原動力，其中，職業教育更是養成國家技術人才重要的基石。在學校裡，熱情的老師多不勝數，我只是其中之一，而且是特別菜的一位，能得到教育界的最高榮譽，最要感謝木柵高工的行政團隊，給老師、學生很好的教學環境和資源；也要謝謝家人的包容與體諒，讓出原本該屬於他們的陪伴時刻，成就學生的未來。

不論是身而為師，或是為人父，

我想教育不就是「改變」和「陪伴」嗎？

給兒子倫倫的一封信

倫倫：

這是要給你的一封信。有一天，當你能閱讀、理解這封信的時候，身為「爸爸」的我，一切的陪伴，都有了意義。

在你還沒出生以前，我並不知道自己正在「實習」當爸爸，那時候，我習慣休假也隨身背著筆電，滿腦子想著的都是學生和訓練的選手，如果有靈感，就立刻打開筆電、馬上記錄；就算在學校，一下課也總是帶著課本來到工廠，看訓練的選手一眼。要是得比選手早走，也會再探頭、喊聲，算一算，每天可能要去工廠至少二十次吧。

每當大考前夕，我會趁第八節下課，全班同學還清醒「活著」的時候，繞上一圈、叨念著：「就要考試了，怎麼有同學連課本都不帶回家？」不知道多少人會被觸動、能再為自己多想一下？

這個情況，直到二〇一九年九月一日才慢慢改變，這一天，是你的生日。

每當我抱你進房間睡覺，大概半小時，就會和你的媽媽輪流開門、看你一眼：有沒有翻身、踢棉被、應該還在呼吸吧？（這應該是每一對新手爸媽都有的緊張……）

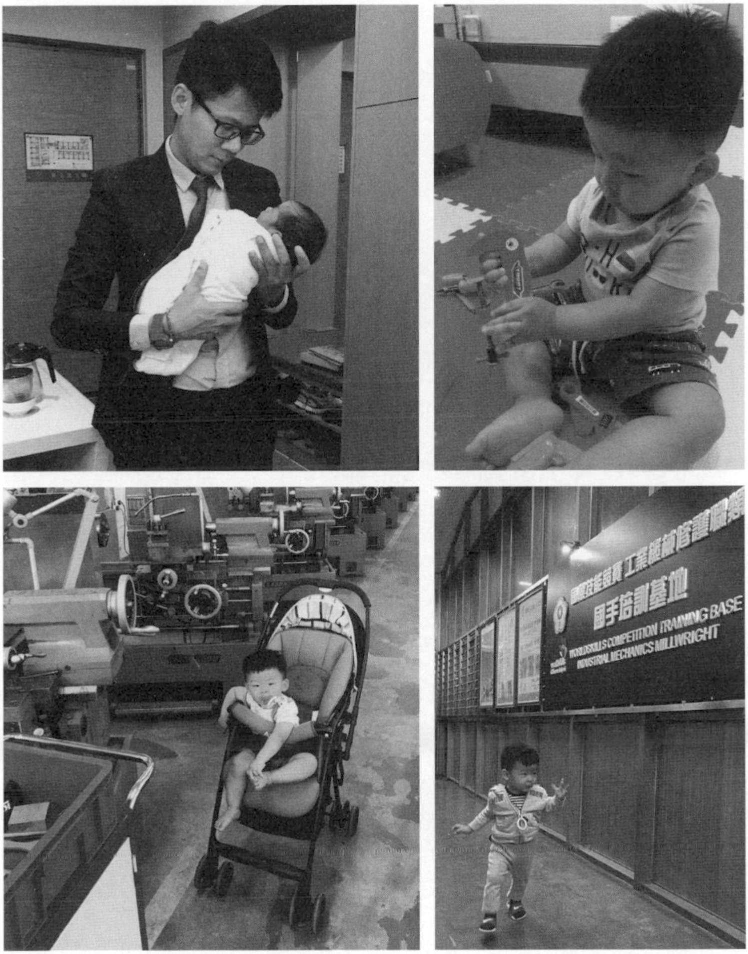

應該很少有孩子像你一樣，一歲前能玩扳手、鐵鎚、螺絲起子……有屬於自己的安全眼鏡，還能到機械實習工廠。

此後，除非必要，我周末不接任何工作，就是想好好照顧你、陪伴你。

漸漸地，我發現過去對學生的種種不安、焦慮、緊張，現在對你也有著一樣的心情——如今回想，謝謝這群學生，給我滿滿的「爸爸練習」。

教育是什麼？爸爸在接受《台灣光華雜誌》採訪時，那一期的封面故事印著六個大字「改變 陪伴 教育」！

不論是身而為師，或是爸爸，我想教育不就是「改變」和「陪伴」嗎？

關於陪伴，我想起一位敬重的杏壇前輩、田徑教練潘瑞根老師。我和潘瑞根老師是同一年拿到師鐸獎的，這一點，我有點心虛，畢竟潘老師在教學之路上，堅持超過三十年，還指導出林義傑、陳彥博等超級馬拉松好手，反觀我，論教學年資還不及他的三分之一；潘老師是爸爸的偶像，希望你長大以後，也可以向他看齊，喜歡跑步、喜歡運動。

爸爸跟潘老師得到師鐸獎後，有機會一起去北歐訪視，他勸我：別像他一樣，每年過年，就是選手陪著他圍爐——我和潘老師都是教練，我在機械領域，他在運動競技；他勸我，別只顧著陪伴學生，應該花更多時間在家庭上，陪伴孩子、陪伴媽媽。這一點，我很歉疚，也會繼續努力。

至於改變，未來，無論你從事什麼行業，改變的起點，來自於「禮貌與態度」：有了基本態度，進步幅度會更快，期待你能透過學習，養成一技之長，長大之後，如果不想和阿公一起做田，也可以向爸爸學習如何做一名黑手。重要的是，抱持熱忱的心，做喜歡的事。

畢竟，應該很少有孩子像你一樣，一歲前能玩扳手、鐵鎚、螺絲起子、C型夾，有屬於自己的安全眼鏡，還能陪著爸爸到機械實習工廠，看著最頂尖的哥哥、姊姊操作機械——希望你能平安健康、快樂成長，爸爸媽媽也會陪伴著你長大。

Chapter 2

手拿
風箏的人

以技職學生屬性來說，

學業成就不見得能被看見，但參加技能競賽拿獎，

孩子便有機會發光發亮。

讓孩子把握住起風時，勇於放飛自我

「我是一個貪玩又自由的風箏
每天都會讓你擔憂
如果有一天迷失風中
要如何回到你身邊」

——陳昇〈風箏〉

當老師這些年，我常常思考什麼是「教育」。與其說學生是學校裡的過客，毋寧說更像是一只只風箏，像歌裡唱的那樣，「貪玩又自由」；而老師，就是拿著風箏的人，在學校時，帶著他們一直跑、一直跑，跑到有風的時候，風箏自然會飛起來；等到學生上大學、出社會，師生關係淡了，風箏飛遠，一旦需要老師的時候，又可以循著那條線找到我。

執教之初，我也曾經是那種「希望同學讀書都能很優秀，考上一流大學」的老師（可能有點虛榮的味道），隨著年紀漸長，錯身而過的學生愈來愈多，也開始慢慢改變想法：難道，當老師的功能，只剩下教育學生考試一百分，擠進第一志願？

先讓風箏渴望飛翔

社會的組成，本來就是不同的階層分工，就像是一間機械公司，有人當老闆，有人當設計師、有人當生產線人員、有人負責打掃、有人負責業務，有人負責保全、有人負責快遞……為什麼我們總是要所有的孩子考試第一名？一日之所需，百工斯為備，第一固然很好，但這個社會需要的是孩子多元的成就，成為各行各業的第一。

牽引風箏的我，如何改變學生？首先是給予榮譽感，哪怕只是完成一個作業或答對一個小題目，那都是讓風箏高飛的動力。我剛到木柵高工當代理老師，第一個參加的比賽是隸屬於文建會（現改制為文化部）國立彰化生活美學館主辦的全國生活美學創意設計大賽。當時我正在臺大念博士班，人躺在宿舍的床上，不知道該指導學生做些什麼？

一時間靈光乍現：頭皮上有很多穴道，騎腳踏車時，時不時會震動，能不能結合兩者，製作有按摩功能的安全帽？於是我請學生討論，去文具行買軟墊、小球，按照穴位黏上……一群「蝦兵蟹將」就這樣拿到第一名，還取得專利。

這榮譽感，來自於好勝。我常常告訴學生，不用怕比賽，只要平時百分之百充分準備，比賽拿出百分之七十到八十的實力，就可以拿金牌。

魔鬼藏在細節中

帶學生參加技能競賽時，比賽前一晚很重要，我會跟學生共同擬定工作步驟、評估每一個步驟所需花費的時間，一切務求精準，絕不能落拍，這樣才能如預期地完成作品。

身在場外的我，也能隨時掌握學生的進度：中場休息時間，除非學生做得太爛，我才會「演」出發火的樣子，讓學生趕快重整步伐、上緊發條，否則通常都是和學生聊聊天，幫助他們放鬆心情。只要平常訓練夠扎實，比賽時正常發揮，通常結果都不會太差；很多技職友校好奇，木柵高工為何會做得比較好？細節是關鍵！我的訓練方式很古板，也沒有什麼特別的地方，硬要說唯一不一樣的，就是訓練學生有明確的時間管理和進度。

要讓學生的專長被看到，得名是必要的手段：要讓學校的優點被看到，得名也是必要的手段！試著想像：你很會煮牛肉麵，又如何？要讓大家都知道你煮的牛肉麵很厲害，參加牛肉麵節比賽是最快的方式；吳寶春也是因為他得了麵包大賽冠軍，一舉成名天下知啊；以木柵高工的學生屬性來說，學業成就不見得能被看見，但參加技能競賽拿獎，孩子便有機會發光發亮。

機械科的工廠裡，建立起學長、學弟制度，他們就是彼此最棒的師傅，互相督促，哪怕飛得再遠，總有學校的工廠亮燈，等他們回家。

學機械的孩子比較有禮貌

在技職教育界流傳一種說法，學機械的孩子比較有禮貌，因為機械是很傳統的學科，不管科技如何進步，機械加工的概念不退流行，教學過程就是傳統工匠的師徒制；也因此，我習慣陪在孩子身旁，帶著他們一遍又一遍練習。

在工廠第一線，我就是學生的後盾，盡可能地守護他們。學習機械難免都會受點皮肉傷，我也會鼓勵他們，那是驕傲的印記（我自己手上也有數道傷疤）；而剛開始訓練國手時，資源不足，師生都沒經驗，只要有國家願意讓我們去觀摩，就一定去——而這讓我幾乎花光了積蓄。為了栽培學生出國訓練，我一共去了三大洲、四個國家，光是飛行時數就破百，里程可以繞地球兩圈。

那時我剛結婚，太太常問我身上還有沒有錢？記得去加拿大謝里丹學院（Sheridan College）的機票、住宿費，還是太太幫忙刷卡的，更慘的是在多倫多皮爾森機場轉機時，身上旅費付不出轉機時需要的行李費，我還打電話回臺灣請家人匯錢救急。

但我終究只是一個人，要贏，必須靠團隊一棒接一棒。從彰工畢業的我，母校老師希望我常常回去傳承經驗；關於這一點，我很慚愧，因為在臺北執教，又有了家庭，實在罕有機會回母校。倒是在木柵高工，光是學生照片，我就記錄了幾十GB，比家人的照片還多：用年份一一歸檔，那是最難得的回憶。慢慢地，機械科的工廠裡，建立起學長、學弟制度（期待有朝一日，投身機械的女生數量能與男生並駕齊驅），他們就是彼此最棒的師傅，互相督促，哪怕飛得再遠，總有學校的工廠亮燈，等他們回家。

牽引風箏的我，只希望孩子變得更好。所謂的「好」，不是要孩子有大成就、當大老闆、賺多少錢；而是希望他們比起國中的自己更進步，好好面對自己的人生，勤能補拙、熟能生巧，只要每天多努力一點，就會成就新的自己。

前輩老師勸我：

學校採購很麻煩，但我，一個小小的代理老師，

還是先自掏腰包，帶學生整頓教室。

無論人生如何走，都別丟失了自己的本心

我是很難搞的人！難搞，不是為非作歹，而是做事情有自己的步驟，沒有準備好之前，不會輕易開始。於是，如果同事沒有真心熱中教育，他們會感覺我很「歹逗陣」；如果同學沒有真心熱愛機械課，他們就會覺得我很嚴格。

而一旦目標出現，我就會硬幹到底。剛來木柵高工時，我只是代理老師，一心覺得自己隨時會離開，要參加全國聯招、考回彰化，畢竟我的

「根」在彰化。就算是過客心態，眼見有教室年久失修、出現壁癌、蜘蛛網，我還是看不下去。前輩老師勸我：放著吧，學校採購很麻煩；但我，一個小小的代理老師，還是自掏腰包買了油漆、刮板、毛刷，帶學生整頓教室——衝！

衝完之後，前輩沒多說什麼，只要我蒐集好發票，以便幫我核銷——如今回想起來，非常感謝前輩的包容。職場裡，絕對不是你想做就可以做，更何況是菜鳥？扣除掉大學時在餐廳打工、家教和兼差，我沒在外面上過一天班，但是在木柵高工，只能說我幸運，不知不覺之中，長官和行政人員可能為我擋掉不少災禍，就有老師曾囑託人告訴我，「學校裡，有人支持你、也有人不支持你啊！」

機械專業中，有嚴謹的工作程序，一出錯，就會一錯再錯，要想得很清楚。高三當選手時，我每天都有練習計畫：列出清單，看到待辦事情沒被「劃掉」就渾身都不舒服，但這也讓我飲食不太正常。

午後，辦公室最常聽到的對話是「弘意，現在才吃飯！」機械科主任曾笑說，前主任退休時，只叮嚀他一件事情：叫弘意要準時吃飯！

「準時吃飯」與「練習做人」

我有個壞習慣，會把次要的小事塞在重要大事的前面做，這樣可以逼迫自己更有效率；當老師之後，午休十二點到一點的空檔，我會幫學生出圖、採購材料、聯絡相關事項等。

簡單說，就是把自己的空檔塞滿。

殊不知，自己的身體一日日承受無形的時間壓力，終於反撲：就在二〇一九年四月的全國賽之前，我陪學生一起住校，想增加團隊凝聚力、替學生打氣，不料隔天起床，發現頭暈、血便，照胃鏡檢查，才知道是胃潰瘍出血。昏沉之中，迴盪起主任叮囑的「準時吃飯」……

結婚後，課後或假日陪伴學生的時間愈來愈少，只能把學校的工作帶回家，最常見的光景，是我坐在客廳打開筆電敲打鍵盤，有時候一恍神，忽視了太太，引來她的小小抱怨。

當木柵高工已經連續六屆在工業機械項目拿到北區（北北基桃花東）的金牌、學生也漸漸上了軌道，木柵高工校長李通傑提醒我：「下一步，要好好練習『做人』！」

做人二字，是交際，猜想李校長這番話的苦心，應該是希望我與其他

眼見有教室年久失修、出現壁癌、蜘蛛網，我還是親自帶領學生整頓教室。整理完教室，再拍張共同努力成果的合照，咀嚼成就的當下，無比喜悅。

同事並肩同行——我不可能一輩子獨來獨往，更不可能一輩子孤身一人帶選手南征北討，應該拉著同儕共同指導。但我很為難，畢竟我是連「寫一篇臉書」這種雞毛蒜皮的事都要寫進計畫手札的人，與其他老師合作，彼此如何磨合？可能出現怎樣的摩擦？光是腦海中上演小劇場，就覺得「做人」比「機械專業」困難多了。

帶著忐忑，我把李校長的話聽進去，跨出了第一步：二〇二〇年四月，我和模具科、電子科老師攜手，參加「集體創作」項目，從設計、經費支出、帶學生參加觀摩等細節，雖然花更多時間、精神溝通，走得慢一點，但可以一起走遠一點。

走著走著，回想起以前大學時在餐廳當打工族的日子，我享受大家一起拚搏的時光：用餐尖峰時段，看到客人點菜的單子一直進來，我不會悶頭做自己的，而是大家一起工作、互相幫忙，哪怕是收盤洗碗清潔的小事，大家就是一起努力克服挑戰。

不論是餐廳的工讀生，還是講臺上的老師，對的事情就要堅持！嘗試著從資歷淺薄的菜鳥變身，愈學習「做人」，愈發現更多和自己一樣熱情的老師。期待無論人生如何走，都別丟失了自己的本心，快樂享受教學帶給自己的成長。

不一樣的學生，給予不一樣的教學，

但要輸入新的，必先砍掉舊的。

砍掉重練，整理力就是學習力

二〇一九年某一晚，我在帶「技能檢定課後輔導」課程時，兩個兇神惡煞的年輕人衝進工廠找一位學生講話。我勸孩子：要乖乖的啊！他承諾「會」；今年才知道他混幫派，被砍到重傷、進了醫院。這次被砍，下次呢？打電話去家裡關心，他爸爸要老師別再打去，「孩子死掉就算了……」

還有一個最近上演的場景。我在準備上課時經過廁所，聞到很濃的菸味混雜著香水味；見到一群學生出來，我問他們是不是抽菸？卻得到理直氣壯的回嗆：明明只有香水味啊！帶頭的老大還說：是你在抽菸吧？自報幾班幾號之後，便嘻嘻哈哈，揚長而去。

我要為學生砍掉的是……

社會問題，除了來自於家庭，也反映出基礎教育還有落實的空間。以職校學生來說，在國中已經是學習低成就的一群孩子，但就像美國家族諮商大師維琴尼亞．薩提爾（Virginia Satir）的「冰山理論」所言，我們看到的冰山，露出水面的大概只占整座冰山的百分之二十，那是學生的外在行為；水平面以下，冰山還有百分之八十的人格特質和天賦，這是當老師可以挖掘的。

不一樣的學生，給予不一樣的教學，但要輸入新的，必先砍掉舊的。

我要為學生砍掉的，首先是「低落的成就感」。如果只看升學考試成績，可能會覺得技職學校的孩子沒希望了……翻開課本，大量的符號與文字，對於學業弱勢的學生而言，讀起來宛如「有字天書」，所以我的教學方法是使用圖像化教學：把大量文字簡化，盡可能用動畫代替圖片，或是以圖片代替文字，幫助學生吸收，重新建立成就感。

我要為學生砍掉的，還有「學習無用論」。有別於普通高中，在高職教書有個好處，只要讓學生燃起動手做的興趣、得到認可和信心，幾乎什麼事情都能克服。職業教育中，除了課堂，更重要的是在實習工廠裡學習「專業技能」，養成動手做的能力。在實習課堂上，我不喜歡讓學生一味反覆練習檢定的題目，而是把生活時事融入「機械加工」的課程，做一些有趣、有用的東西。

像是之前流行的指尖陀螺，或是手機殼，讓學生依照自己手機的外型，設計音源孔、按鍵孔、觸控的位置，再透過機具親自操作，雖然做出來的成品細緻度跟市售產品不能相比，但是成就感無價，培養孩子產生興趣，體悟到在學校裡得到的知識是「有用的」。

重新養成正確的習慣

我的實習課，都是從及格「六十分」起跳：做得好與壞是一回事，我更在乎學生能否堅持下去、遵守課堂的規則，好好寫學習單：一〇八年課綱規定，學生的學習單要上傳到雲端，大學推甄也要審視專題製作的成果報告書，或是實習作品集——先養成學習的「胃口」，日積月累，也就不會排斥檢定或考試了。

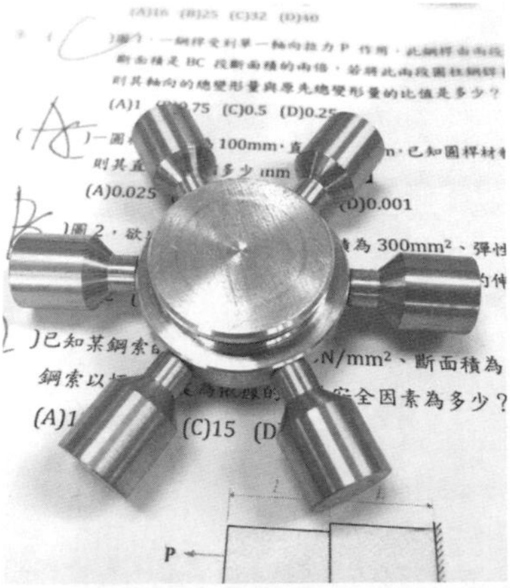

培養孩子產生興趣，體悟到在學校裡得到的知識是「有用的」。

我要為學生砍掉的，也是最關鍵的「壞掉的生活常規」。高職學生的品德、操行落差較大，不能否認的是，幫派或多或少滲透入校園，技職學生在國小、國中階段，可能是被排擠，甚至被放棄的一群小孩，身為高職老師，自然需要花更多時間，導正孩子的品行與道德。

說來有點諷刺，我常常陪孩子重新練習的，其實是幼稚園起就應該建立的「習慣」，像是守時、禮貌、衛生整潔、打掃、好好寫名字……

老子說：「天下難事，必作於易，天下大事，必作於細！」這些容易又細碎的事，是我為學生準備的第一堂課。每年迎接高一學生，我會請他們跪在地上擦地板，或者油漆教室；不是自己袖手旁觀、出一張嘴發發口令，而是和他們一起整理、清理機臺，師生一起做一件事情，更容易使學生對老師產生認同感。

整理力就是學習力！

第一堂課整理完，大家鳥獸散，第二堂課時我會印出一張紙，上面放著整理前、後的照片，也放上參與學生的合照。這是屬於他們共同努力的結果。孩子的眼神也許是桀敖不馴，也許充滿困惑，但整理完教室、咀嚼成就的當下，終究是喜悅的——這也許正是「斷捨離」的體現吧？

意外的收穫是，現在每當有老師造訪木柵高工，或是學校舉辦比賽，他們會特別走到工具室的櫃子，拍張照：那種井然有序，正展現了紀律。

能力可以後天訓練，品德很難。

除了專業技能，我更在意學生高中三年的生活常規與品德教育，因為這是國民義務教育的最後階段，如果同學沒有繼續升學，一離開校園，就要進入社會吃頭路，我再不好好要求，只怕學生未來就是在職場撞得滿頭包……

曾有老師告訴我，在木柵高工（也許可以通用於技職學生），只要肯聽話的學生就是好學生。當社會頌讚「思辨」的重要性，我想應該更深層地思索：學生已有足夠的資訊了嗎？知道如何與老師論證？當學生欠缺實力，只是強辯，我必須坦言，我能「救」的，是那群願意聽話的學生。

但我想稍稍修正一下：我所謂的「聽話」，不是老師叫學生往東、學生就往東，我自己也不是這樣的乖乖牌；而是願意誠實面對過去的自己，願意在高中階段認真思考老師的話。包括我在內，也時不時覺得老師或長輩一直唸，真的很嘮叨，但沉澱一下、多想一下，就會知道那些找你麻煩的人，都是關心你的人啊！

在機械行業裡面，非常注重工作程序，因為機械加工為不可逆性，一旦做錯，可能需要用十倍的時間來補救錯誤，甚至重來；身為高中老師，如果我不要求，學生未來怎麼辦？

機械做錯可以重來，人生不能。

老師也會犯錯，錯了就該反省，而非硬撐在「神壇」上。

也因此，我不僅自己上課講錯時會說抱歉，

也鼓勵孩子「重新開機」。

我們都需要有「重開機」的機會

我曾經是個屁孩。國中時，花了兩、三千元改裝腳踏車，學校流氓見我好欺負，把改裝的零件一一拔走，我不敢吭一聲，只好找媽媽開貨車來學校，把車體殘骸載回家。

我曾經是師鐸獎得主，一時間成為其他師者的榜樣，還有很多採訪邀約。但師鐸獎沒那麼偉大，有一位來學校訪視的委員，便挖苦地說：「弘意這位老師短短幾年能端出這些成績、參加這麼多比賽，表面上是栽培學生，但初衷是為了拿獎嗎？」我聽完有點生氣：這些努力是假裝不來的，如果要利用學生拿師鐸獎，我可能要裝十年、二十年，甚至三十年，那豈不是太痛苦了！

我曾經以學、經歷自滿。年輕氣盛，在任教的學校看什麼都不順眼，有自以為是的優越感，甚至在課堂上吐槽其他老師的不是，還是學生下課後跑來提醒我：「老師，說話要小心，不是每個學生都認同你，這樣挖苦其他老師，對你不太好。」

我曾經想放棄老師這份工作。當老師很爽，尤其是在公立學校，因為比起社會上大部分職業，老師不容易被淘汰（除非觸犯「性別平等教育法」此一天條）。但在成為正式老師的第一年，我曾兼任導師，當時非常要求導師班學生的生活常規，從環境整潔到服裝儀容，卻引來學生、家長反彈，讓我愈教愈無力，覺得自己改變不了學生，一度想要離開這份工作；後來改當專任機械科老師兼指導選手，才熬過卡關的時光。

自省是為了變得更好

老師也會犯錯，錯了就該反省，而非硬撐在「神壇」上。我曾經勾勒該告別的條件：當我不想要備課，上課時，只是照著課本念，學生在下面睡成一片也無動於衷，那就是我應該離開的時候。這樣的老師根本不是教人，而是害人——我喜歡「自省」，這可能與過去當選手接受的訓練有關，天天檢討每件作品的缺點，有時甚至是雞蛋裡挑骨頭，反省加工步驟有沒有問題；相同作品製作了接近一百次，從頭開始、重新檢討，只為了變得更好。

也因此，我不僅自己上課講錯時會說抱歉，也鼓勵孩子「重新開機」：學生這個角色是人的一生中最被容許犯錯的階段，只要懂得反省，就還有救。

師生之間是互相砥礪、指正的，不管實習課或教室課，我都會先要求學生按照我的方式來做，但要是有學生想出更好的方法，或是在我計算錯誤時，馬上提出挑戰、指正，我都會先道歉，再道謝。

老師之間也是。二〇一八年我拿到師鐸獎，考量通勤距離的原因（回家大概來回得費時兩小時），我申請轉調到北部其他學校。不知道是不是天意，家裡附近的一間商工剛好有缺，我順利調成，那間學校也很注重技能，從校長、人事主任到實習主任都打電話來叫我去報到，還保證加薪。

可是我猶豫了。其實我與木柵高工已培養出深厚的感情，甚至有幾位家長向校長連署，要我留下來。按照規定，我因為出爾反爾必須被記過，人事主任也很倒楣，上面有臺北市教育局依法辦事的壓力，在學校又面臨教評會保護我的聲音——最後我反省，也承擔了這個「過錯」。

有同僚為我抱不平，說是老師群慰留我的，如果要記過，有慰留的大家都要一起被懲處：他們擔心如果有一天我面臨升遷，這個「過」可能會成為汙點；卻有一位很照顧我的前輩，覺得這個「過」並非不好的事，更不是丟臉的事，反而很光榮，因為是為了孩子，我寧可自己被記過，也要留下來。

傻傻的我只問人事主任：會不會被扣薪水？不會！那就沒差吧。

體悟「學生不是我的工具」

而一次次接受媒體採訪，也讓我反省教學的心態。曾有記者問我：讓學生完成我自己「當國手」未實現的夢想，這樣對嗎？剛開始教書時，我堅信這個世界上沒有偶然，只有計算後的必然，一旦發現學生「不夠強」，就會逼學生聽我的、照我的方式來努力。後來漸漸體悟到「學生不是我的工具」，要當國手，是資質、是努力，也是命，不是我窮盡所有辦法，就能讓孩子拿到一百分，就能當選國手的。

比起剛當老師的楊弘意，我現在「比較人性」，更把學生的意願、委屈放進心裡。沒有人喜歡被箝制、被批評，我也鮮少罵學生，因為我很在意他們，希望他們走進我的課堂，人生能往好的那一端前進。

當我的手不再這麼緊抓，學生也沒令我失望。曾經，我在國外交流，接到朋友傳來照片和訊息：明明已經是臺灣時間的深夜，沒有夜間部的木柵高工卻明晃晃的，可見我不在，學生依舊自律，在實習工廠裡埋頭苦幹——更有電動機車大廠的主管曾跟學校說：「這些選手如果哪一天找不到工作，他都要！」看到學生成就他們自己，我很開心。

就像慢跑吧，跑步的人總會說，累積到某一段距離後，會愈跑愈舒服，停不下來，上癮了。願我在反省之後，能一直在「老師」這條賽道上繼續長跑下去。

臺灣版的「翻轉教育」，真的是以學生為主體嗎？

又或者只是導入大量的 **3C** 數位科技，

就自以為是翻轉教育、翻轉教室呢？

翻轉教育，是一種因材施教的教育模式

這幾年，翻轉教育或翻轉教室，在教育界引發廣泛的討論，但我常常思索，到底翻轉了什麼？所謂「翻轉教育」早在二〇〇七年的美國就出現了，之所以言「翻轉」，是因為這種教育模式是由學生在家中看老師或其他人準備的課程，到學校的實體教室後，學生再和老師一起討論、甚至是寫作業，這樣一來，「學生」和「老師」的角色儼然互換，「家」與「學校」的概念也是，和傳統教學模式截然不同。

當大夥兒稱讚「翻轉」的美好，以為如此一來，學生就能「重返」教學現場主體的角色，殊不知，長期以來，學生本來就是教室的主體；而臺灣版的「翻轉教育」，真的是以學生為主體嗎？又或者只是導入大量的3C數位科技（平板電腦、觸控電視、智慧教室等），就自以為是翻轉教育、翻轉教室呢？

智慧教室落實在中、小學校，是否真的有其必要性？有一回我在教製圖課，學校裡的技士（負責管理工廠工具、機械維修的專業人員）要我派幾名學生陪他搬「充電車」，裡面有四十臺蘋果的平板電腦，以木柵高工有九個科來說，各科實習工廠都備有充電車，也就是全校有近五百臺平板電腦。但一整年下來，平板電腦使用的次數一隻手數得出來。

今年接近學期尾聲，一向素樸的木頭講桌突然「智慧」起來，內嵌進一臺電腦，連結教室裡的三臺電視——木柵高工並非特殊個案，以臺北市為例，根據「中小學行動學習智慧教學實施計畫」，首善之都的教室設備大幅更新，過去投影機搭配投影幕的數位媒體教學根本不夠看，現在要更聰明，變成每班有兩臺五十吋液晶螢幕、一臺七十五吋的觸控電視、雙層黑板、智慧講桌、無聲廣播系統、行動載具充電車、平板電腦等。

當山也智慧學習，海也智慧學習，真的能讓學生更認真學習？希望能邀請教育部長、縣市首長突擊一下教室！尤其是中後段的學校，看看這些學習低成就的小孩，平常上課是呈現什麼樣子（不能經過彩排或者事先通知）……

學習意願才是亟需拯救的

來到技職教育的第一線，這一群在國中課業成績偏向中、後段班的孩子，不少人根本在課本、學習單都懶得寫上自己的座號和姓名，呈現幾乎放棄的狀態，當孩子懶得在教室學習，在家會願意「看老師或其他人準備的課程」嗎？

最新的課綱落實在技職教育上，強調課程學習成果及多元表現，要求學生每學期都要上傳學習歷程檔案，透過定期且長時間的記錄，呈現孩子的學習軌跡、能力發展等，並減輕學生在高三時整理備審資料的負擔；但經過這一學年，經驗告訴我：一旦學生欠缺學習意願，哪怕給予再多元的教育，也於事無補。

而技職教育強調「動手做」，近年來也有「創客教室」的誕生：結合製作者（Maker）與駭客（Hacker）的精神，讓學生把自己的點子做出來。立意非常棒，結合虛擬實境（Virtual Reality，VR）也讓學生有更多的臨場體驗與互動操作。

據傳，原本長官們有意在大考時，將上萬名機械群考生（包含機械科、製圖科、鑄造科、配管科、模具科、木模科、板金科等）納入這種最新科技，但後來考慮到執行難度，以及國家原本就有技能檢定考試，升學時，各大學也會視證照級別給予加分，實在沒有必要為VR而VR；況且，光是車鋁、車鐵、車銅都有不同的切削阻力與切屑形態，鐵屑噴濺、刀具磨損等狀況，這都是難以用VR模擬的。

「翻轉教育」不該是搖旗吶喊，宣稱「老師正做一件很偉大的工作」，而該是一種因材施教的教育模式。

何不好好檢視3C教育產品是否屬於必要支出？這一大筆錢，可以讓社經條件弱勢的孩子有更好的生活，也許是吃品質好一點的營養午餐，或是多一點課後的陪伴，甚至是一對一的補救教學——這樣才是「翻轉人生」的教育啊！尤其是在智慧型手機當道的此刻，如何把學生的眼睛從手機遊戲搶回，轉移到學業上，更是刻不容緩的事。

以學生為本，翻轉教育必須是一種實踐，默默耕耘、改變孩子，而不是老師明星化的口號。

與其質疑，也許爸媽可以來學校工廠走一趟，
看看孩子認真實習的模樣。

何不望子成黑手？

從阿公那一輩起，楊家都是「做工的人」，現在攤開我爸爸的手，好幾隻指尖有被沖壓機傷害的痕跡，新長出的指甲凹凹凸凸，於是，我考上彰工，在這樣的家庭環境，顯得已經很棒了。古人說望子成龍，士農工商總以「士」獨占鰲頭，卻沒有人說望子成黑手，但是，黑手可以是人中之龍啊！讀技職學校的孩子，一技傍身，甚至還可以創業，前途無限寬廣。

來到職業學校，很多孩子被問起「為何讀技職學校？」都會拋出一句「我就不會讀書啊！所以我來讀高職……」

這句話應該被改寫，「比起讀書我更喜歡動手做……」我發現，很多學生並非不會讀書，而是懶得讀書、對於書本懶得記憶——但是，人生不是丟出一句我不會，就能兩手一攤，我常常告訴學生，既然走入職業學校，就該挖掘自己的優點，縱使不是天生手巧，只要有動力、有意願，就有機會讓自己的黑手「黑得發亮」。

技職學習，可以是人生的選擇

絕大多數學生、選手，進入實習工廠之前，原本也不會操作機器（除了極少數國中就接觸技藝班的孩子），我很不喜歡學生把「我不會」掛在嘴巴上，曾經有瘦小的男學生，站到車床前，發現要用扳手鎖緊工件，連做都沒做，就大喊：「老師，我沒力氣啦……」我馬上要他轉頭去看看正在集訓、更瘦小的學姐，正戴著護目鏡專注練習，學姊行，為何他不行？

後來，這個瘦小的男生跨出動手做的一步，成果也不錯。

只要孩子願意動手做，完成實習作品，我都會讓他們從六十分及格起跳，分數只會更高不會更低；甚至我曾經在出「機械力學」考卷時，直接把答案寫上去，讓學生寫下思考、推理的過程，只要有思考，就有分數。

然而，不是所有孩子都願意試試看，以我自己的教學經驗，每年到了高三，大概有超過一成的孩子會「猛然驚醒」跨考，從工業類領域大轉向，改考商業、農業、家事、海事水產、藝術——這些人看似斜槓、多元，實則是在考試前迷失方向……

技職學習，不是退而求其次，而是人生的選擇。

幸好現在走入國中，已經有很多職業探索，以下，我想分三個情境，來和家長、孩子分享，如何判斷該不該讀職業學校。

情境一：孩子的成績可以選擇普通高中或職校，該如何選擇？

如果讀完國中三年，孩子的興趣與方向依舊不明顯，我建議，不如先去讀普通高中，多運用三年，慢慢挖掘出有興趣的專業；若是孩子想成為醫師、律師、文史學家等，在技職體系沒有對應的科系，那可能就不適合讀高職。

情境二：孩子的成績只能讀技職學校，該念什麼科？

記得某一年國中會考分發之前，我在校門口，遇見一位媽媽帶著兒子，直接造訪木柵高工，希望我幫他們介紹工廠，但學校有八個科，我只能介紹機械科，後來請教務處的老師協助，帶他走一趟職校巡禮——我覺得這是很正確的選科別方式，除了查資料，直接到家裡附近的職校看看，可以讓孩子更有感覺。

政府愈來愈重視技職教育，自我執教這幾年來，很多高工的環境改善工程逐步實現，設備也汰舊換新，二〇二〇年更首度出現結合全國技能競賽的「國家技能周」，讓經過努力磨練專業、擁有專門技能者，同場競技，因此，選擇走入技職學校，肯定不是「技不如人」，而是「技高一等」。

比起讀書我更喜歡動手做……

當家長協助孩子選科別時，我建議可先選大方向，工業、商業、農業、家事、海事水產、藝術，再來思考科別；另外，國中輔導室已經為學生做了性向測驗、職業探索，甚至還有官方舉辦的教育博覽會，善用這些資源，加上家長的陪伴，相信可以挑出屬於孩子的路。

情境三：我的小孩念了技職學校，念錯科，沒方向……

我常常在教高一孩子時，特別嘮叨，勸他們：多想一想，如果真的不喜歡工業類，別硬撐，早點離開，反而對自己有更大的幫助，曾經有一位學生，明明對機械沒興趣，家長卻反對他離開這條路，直到高三，他才決定轉向編劇，在我看來，實在晚了，也可惜了孩子在學校的光陰。

進一步來說，讀機械的學生，如果沒興趣，轉模具科、機電科、製圖科等科系，考試內容大同小異，實習課也相去不遠，成效有限；如果孩子確定好方向，興趣是轉到不同的類群學習，那很好，否則，我不建議在相同類群之下轉科。有機會的話，甚至建議應該轉學去讀普通高中，再用一點時間，探索自己的興趣。

在教育現場，學生與家長其實都需要調整心態、學習適應，當孩子就讀技職學校，爸媽心態應該調整，千萬別覺得讀技職學校沒出息。我發現，對於原本從事技能相關工作的家長，譬如職業是修理鋁門窗、木工、水電工、建築、運輸專業，往往相對支持孩子；反而坐在辦公室的白領階級家長，不太能適應，甚至會對孩子失望。

那麼，對於技職孩子，該如何相處？套一句學生土豆（陳韋霖）媽媽所說的：家長能做的，就是等孩子回家，張羅宵夜、水果——在職業學校，講求熟能生巧，平日晚上常常要留下「技能輔導」，為證照檢定一搏，機械，美容美髮、餐飲等類科都是如此，滿多家長會不捨，孩子怎麼到晚上九點多才離開學校？與其質疑，也許爸媽可以來學校工廠走一趟，看看孩子做實習時認真的模樣，一定也會很感動。每一雙支持職校孩子的手，都是技職教育向上的重要力量。

臺灣職業學校的六類十五群

類別	群別	科別
工業類	機械群	機械科、鑄造科、板金科、機械木模科、配管科、模具科、機電科、製圖科、生物產業機電科、電腦機械製圖科
	動力機械群	汽車科、重機科、飛機修護科、動力機械科、農業機械科
	電機與電子群	電機科、控制科、冷凍空調科、電子科、資訊科、航空電子科
	化工群	化工科、紡織科、染整科
	土木與建築群	土木科、建築科、消防工程科

商業類	商業與管理群	商業經營科、國際貿易科、會計事務科、資料處理科、電子商務科、流通管理科、農產行銷科、航運管理科
	外語群	應用外語科（英文組）、應用外語科（日語組）
	設計群	美工科、家具木工科、陶瓷工程科、室內空間設計科、圖文傳播科、金屬工藝科、家具設計科、廣告設計科、多媒體設計科、室內設計科
農業類	農業群	農場經營科、園藝科、森林科、野生動物保育科、造園科、畜產保健科
	食品群	食品加工科、食品科、水產食品科
家事類	家政群	家政科、服裝科、幼兒保育科、美容科、時尚模特兒科、流行服飾科、時尚造型科、照顧服務科
	餐旅群	餐飲管理科、觀光事業科
海事水產類	海事群	輪機科、航海科
	水產群	水產養殖科、漁業科
藝術類	藝術群	戲劇科、音樂科、舞蹈科、美術科、影劇科、西樂科、國樂科、電影電視科、表演藝術科、多媒體動畫科、時尚工藝科

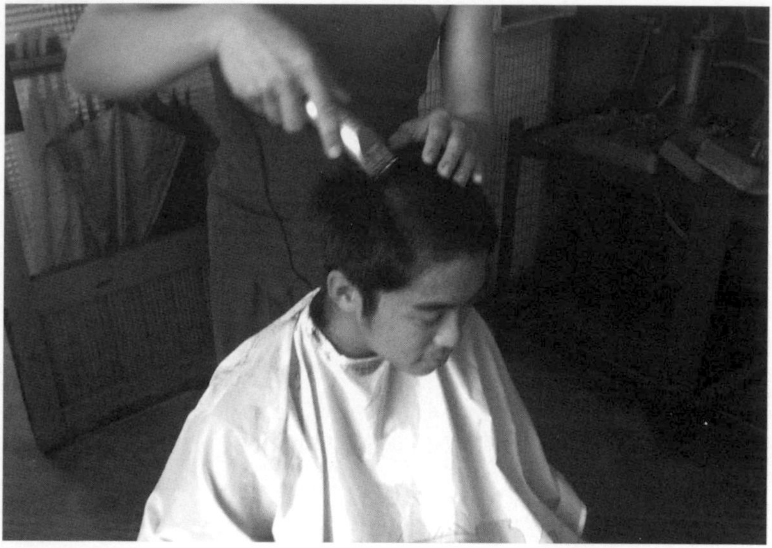

對於選手而言，

幸福不是一切，人生還有責任，希望除了家長全力支持，

學生更要自律、主動。

三分頭的堅持

學生〇〇〇係就讀木柵高工機械科〇年級〇班，為參加技能競賽選手培訓之需要，本人同意其留校加強技能之訓練，並謹嚴督促其在培訓之時程內，遵守學校一切管理規章及老師之指導與要求，違者同意直接退訓並依校規處理。

家長簽名：〇〇〇

身為木柵高工技能競賽選手，是一種榮譽，也是一種承擔，這不能只有帶隊老師和同學知道，家長也必須有體悟。在學生投入集訓前，我會發出「家長同意書」，畢竟選手未成年，我必須讓家長同步了解孩子應盡的責任與義務，如果親子有任何一方無法配合，就不應該參加選手集訓。

為了養成一位選手，學校每年均投入大量的教育資源，平均每人每月訓練費用超過一萬元，每位選手都會配備專屬的工具櫃推車與私人置物櫃，他們練習所使用的工具、刀具、量具，價值高達三十萬元，這都是納稅人的支持，希望提供選手最好的工具、最好的訓練環境，讓選手可以專心致志在訓練工作上，沒有後顧之憂，並以身為木柵高工的學生而感到幸福、有信心。

對於技職學校而言，技能競賽是孩子翻轉人生的重要舞臺，尤其讀夜間部的學生，多數自我要求「一擊必中」，普遍學校大概都是賽前一個月展開集訓，有學校甚至是一整學年都讓學生公假練習。

但一個月的訓練強度夠嗎？學校給學生一個月公假，通常我會額外幫學生多請半個月，以我的經驗，準備期要五天才能進入狀況，學生專注練習一個月，方足以應付多變的題型，在賽前準備工具又要五天，完整集訓至少要四十天才夠。專注於練習之外，我也得盯著學生的課業，請學生交出課表，在公假期間，讓孩子回去修國文、英文、數學等專業科目——教練在學校的身分宛若選手的父母，選手一旦行為失當，都要算在我頭上。

訓練，年復一年循環著：寒假開始，選手為四月的全國技能競賽初賽準備，練習到小年夜才能稍稍休息，以二〇二〇年的過年來說，一位選手大年初二就回來木柵高工的實習工廠，連警衛都還沒回到校園，還是校長幫他開門的；到了六月底，選手還沒放暑假，就要開始為八月的全國決賽做準備；九月底則要為十一月登場的教育部工科技藝競賽進入集訓，幾乎永不停歇。

技能選手，是黑手，也不只是黑手

隨著學生愈來愈多，比賽項目愈來愈多，我用表格管理，一張總表上傳雲端，讓學生、家長用手機就能看，隨時更新；個人也會有一張自己練習的「菜單」，不同年級比不同項目，每個人都有專屬的訓練計畫。

回想初執教鞭時，我很強硬，要學生幹嘛，學生就得幹嘛，等於是逼學生練習我提出的「菜單」；漸漸地，我開始和學生一起討論、抓出大方向，給孩子自主的空間，讓他們先自己排練習進度，我再來調整行事曆。

對於選手而言，幸福不是一切，人生還有責任，希望除了家長全力支持，學生更要自律、主動；競賽前，選手要住校，集中管理，男生選手一

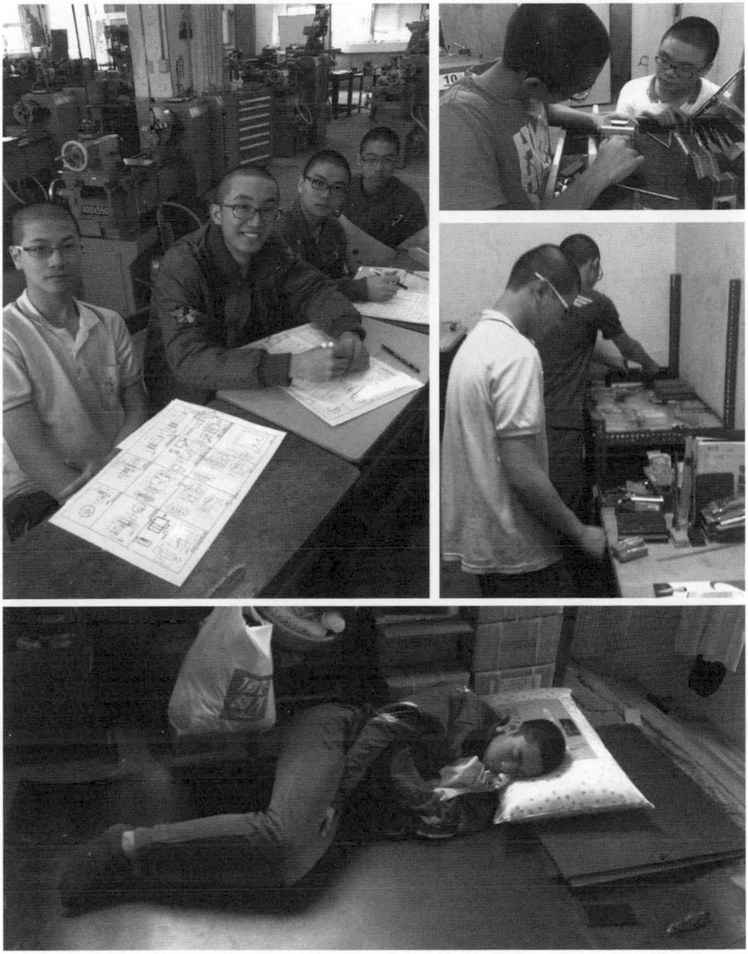

每一次集訓，我會安排「老手搭新手」，選手必須搭配學弟妹一起練習，互相激勵，分數由選手們互評。

律剪三分頭，學生受訓時，每天至少留在學校練習十二個小時，也有孩子通宵達旦，這都是尋常。

擔任競賽選手的目的，是希望透過嚴謹的訓練與比賽的成就感，在未來能夠更有自信、更會做事；品德上，懂得謙虛、有禮貌、更尊重人；身為技能選手，是黑手，也不只是黑手。

不可諱言的是，有些選手取巧，利用練習的機會，逃避家長管教，甚至在練習中途，溜出去學校對面的河堤打混摸魚，被師長撞見，向我投訴；然而，不少學生仗著沒有證據，打死不承認自己犯錯，我只能調監視器畫面，讓學生知道自己的過失，最終，要求他離開選手團隊。

我常用這個例子當課堂上的負面教材，老師羅列證據，不是為了要教訓學生，而是要讓孩子知道：難免做錯事，應該勇於認錯，如果死不承認，肯定會留下蛛絲馬跡，良心也不安。

年度競賽時程規劃表

January	February	March	April	May	June	July	August	September	October	November	December
校內技能競賽 創意發明競賽	校內專題競賽	北市專題競賽	北區初賽 北市科展	全國專題競賽		全國科展	全國決賽	小論文	臺灣國際科展 校內科展 友嘉競賽	工科技藝競賽	

學生的練習「菜單」

109鉗工訓練計畫

臺北市立木柵高級工業職業學校 吳俊諺

日期		課本	章節	單元	學科 題目	學科 分數	術科 分數	總分
10月16日	五						44	
10月17日	六						59	
10月18日	日						58	
10月19日	一						49.5	
10月20日	二						67	
10月21日	三						67	
10月22日	四							
10月23日	五	機件原理(科友)	第1章	緒論	102	61.25	54.5	55.2
10月24日	六	機件原理(科友)	第1章	緒論	103	44	66	63.8
10月25日	日	機件原理(科友)	第3章	螺旋連接件	104	58	63	62.5
10月26日	一	機件原理(科友)	第3章	螺旋連接件	105	66	54	55.2
10月27日	二	機件原理(科友)	第7章	帶輪	106	66	65	65.1
10月28日	三	機件原理(科友)	第7章	帶輪	107	55	73	71.2
10月29日	四	鉗工實習I (科大)	1	工廠安全、手工	108	70	67	67.3
10月30日	五	鉗工實習I (科大)	2	劃線	85	62.5	60	60.3
10月31日	六	鉗工實習I (科大)	3	銼削	86			
11月1日	日	鉗工實習I (科大)	4	鋸切	87			
11月2日	一	鉗工實習I (科大)	5	鏨削	88			
11月3日	二	鉗工實習II(科大)	7	鉸孔	89			
11月4日	三	鉗工實習II(科大)	8	攻螺絲	90			
11月5日	四	鉗工實習II(科大)	9	鉸螺絲	91			
11月6日	五	鉗工實習II(科大)	10	綜合練習	92			
11月7日	六	製圖實習 (科大)	7	尺度標註	93			
11月8日	日	製圖實習 (科大)	7	尺度標註	94			
11月9日	一	製圖實習 (科大)	9	習用劃法	95			
11月10日	二	製圖實習 (科大)	9	習用劃法	96			
11月11日	三	製圖實習 (科大)	10	基本工作圖	97			
11月12日	四	製圖實習 (科大)	10	基本工作圖	98			
11月13日	五	鉗工 (許全守)	1	工作組織與管理	99			
11月14日	六	鉗工 (許全守)	2	基本手工具	100			
11月15日	日	鉗工 (許全守)	3	測量	101			
11月16日	一	鉗工 (許全守)	4	劃線工作	102			
11月17日	二	鉗工 (許全守)	5	鋸切工作	103			
11月18日	三	鉗工 (許全守)	6	鏨削工作	104			
11月19日	四	鉗工 (許全守)	7	鑽床工作	105			
11月20日	五	鉗工 (許全守)	8	銼削工作	106			
11月21日	六				107			
11月22日	日				108			

109鉗工吳俊諺　109車床張瑞

109工科技藝競賽/WorldSkills 2021 國手選拔賽

車床/鉗工/工業機械

worldskills

				張瑞霖	吳俊諺	吳禹澔	鄭宇成	陳冠維	黃啟睿	
				上午	上午					
10月16日	五	倒數39		4	1	1	1			
10月17日	六	倒數38		5,6	2	2	2			
10月18日	日	倒數37		7,8	3	3				
10月19日	一	倒數36		9,10	4	4	3			
10月20日	二	倒數35		11,12	5	5	4			
10月21日	三	倒數34		13,14	6	6	5			
10月22日	四	倒數33	三重	15	7	7	6			學校派車
10月23日	五	倒數32		16	8	8	7			
10月24日	六	倒數31		17,18	9	9	8			
10月25日	日	倒數30		19,20	10	10				
10月26日	一	倒數29		21,22	11	11	9			
10月27日	二	倒數28		23,24	12	12	10			
10月28日	三	倒數27		25,26	13	13	11			
10月29日	四	倒數26	友嘉	27	14	14	12			老師載:台東
10月30日	五	倒數25	友嘉		15	15	13			老師載:台南
10月31日	六	倒數24	大安	28	16	16	14			家長幫忙載(學
11月1日	日	倒數23		乙級檢定(學科)		17				
11月2日	一	倒數22		29,30	17	18	15			
11月3日	二	倒數21		31,32	18	19	16			
11月4日	三	倒數20		33,34	19	20	17			
11月5日	四	倒數19		35,36	20	21	18			
11月6日	五	倒數18	[illegible]	37	21	22	19	09:00華夏科大		老師.家長幫忙
11月7日	六	倒數17	彰工	38,39	22	23	20			星期五南港結
11月8日	日	倒數16	彰工	40,41	23	24				住兩天．星期
11月9日	一	倒數15		42,43	24	25	21			
11月10日	二	倒數14		44,45	25	26	22			
11月11日	三	倒數13	木柵	46	26	27	23			
11月12日	四	倒數12		47,48	27	28	24			
11月13日	五	倒數11		49	28	29	25	09:00華夏科大		[illegible]
11月14日	六	倒數10		50,51	29	30	26			
11月15日	日	倒數9		52,53	30	31				
11月16日	一	倒數8		54,55	31	32	27	自備件	自備件	國手開始請假
11月17日	二	倒數7	泰山	56,57	32	33	28	銲接2,氣壓2	銲接2,氣壓2	
11月18日	三	倒數6	泰山	58,59	33	34	29	銲接3,氣壓2	銲接3,氣壓2	
11月19日	四	倒數5	泰山	60,61	34	36	30	車銑1,氣壓2	車銑1,氣壓2	
11月20日	五	倒數4		62	35	37	31	華夏科大		
11月21日	六	倒數3		63	36	38	32	車銑1,工配2	車銑1,工配2	
11月22日	日	倒數2		65	37	39		車銑1,工配2	車銑1,工配2	
11月23日	一	倒數1		66	38	40		車銑1,工配2	車銑1,工配2	
11月24日	二			報到/熟悉場地				幫忙	幫忙	
11月25日	三			比賽				PLC 2	PLC 2	段考
11月26日	四							PLC 2	PLC 2	段考
11月27日	五			頒獎典禮				FluidSIM 2	FluidSIM 2	
11月28日	六	倒數18	第1題	12	12			13	13	模組1--車床(
11月29日	日	倒數17		43	43			42	42	模組2--氣壓考
11月30日	一	倒數16		65	65			56	56	模組3--銲接(
12月1日	二	倒數15	第2題	13	13			12	12	模組4--銑床(
12月2日	三	倒數14		42	42			43	43	模組5--PLC及
12月3日	四	倒數13		56	56			65	65	模組6--絕緣(
12月4日	五	倒數12	華夏科大							
12月5日	六	倒數11	第3題	12	12			13	13	
12月6日	日	倒數10		43	43			42	42	
12月7日	一	倒數9		65	65			56	56	
12月8日	二	倒數8	第4題	13	13			12	12	
12月9日	三	倒數7		42	42			43	43	
12月10日	四	倒數6		56	56			65	65	
12月11日	五	倒數5	第5題	12	12			13	13	
12月12日	六	倒數4		43	43			42	42	
12月13日	日	倒數3		65	65			56	56	
12月14日	一	倒數2		收車、上貨車						
12月15日	二	倒數1		提前南下						
12月16日	三									

榮譽可以代代延續

必須很私心地說，我希望讓選手的榮譽可以一代一代傳承下去，也讓訓練資源可以有效使用，發揮最大效果，因此，我會要求「學長需配合留校輪班，教導學弟妹，傳承技術」，教學相長；我希望實習工廠不只有我一位「教練」，而是有一代又一代的「師傅」，共同營造上進的學習氣氛。

每一次集訓，我會安排「老手搭新手」，選手必須搭配學弟妹一起練習，互相激勵，分數由選手們互評——有對手，才不會傻傻地做；隨著木柵高工團隊比賽登頂，友校希望能技術交流，我也才讓學生參加友誼賽，畢竟，有競爭才有進步。

而木柵鉗工與工業機械修護訓練團隊，至今已培養超過二十位選手透過保送、技優甄審等升學管道，錄取國立的科技大學；累計榮獲十四金、十三銀、五銅、二十一優勝及六座金手獎；更連續四年獲選技職奧運國家隊國手。

常有人問，這樣的成績是怎麼辦到的？我想用這本書，透露一個小祕密——好勝心！每次國手選拔賽前，我都會「提醒」學生：如果國手選輸了，友校國手肯定會被送來木柵高工移地訓練，甘心帶打敗自己的人去吃飯？照顧他？讓他用自家的機器？甚至看他風光出國？

不甘心，於是要更努力，一個拉著一個，把彼此推上去。

身為人師，我發現教學生最有用的並不是課本，
而是人生── 進修正是一種為自己認真生活的態度，
觸動了學生的心，才有改變的可能。

透過教育，低階層社會的孩子也有翻身的機會

我常懷疑自己有人群恐懼症。如果人群像大海，我總是浮浮沉沉，尋找著氧氣。

當老師也會有人群恐懼症？這樣說，可能很多人不相信。其實每一學年的開始、要站上講臺之前，我都有點痛苦，這痛苦期大概要維持一個月，因為臺下的學生於我而言，除了是學生，也是陌生人──剛在臺北市大安高工「出道」試教時，我就意識到自己有這個毛病。

面對人群，我無法侃侃而談的「症頭」，也許是因為自信心不足。要成為老師，往往需要具備一點領袖特質，但我偏偏沒有，從小到大，除了自願擔任體育股長，我沒當過任何幹部，甚至連「被提名」都沒有。一來我課業平平、人際關係不慍不火，在班上也不是乖乖牌；二來，要是沒有反覆練習、咀嚼要講話的內容，我沒辦法在同學面前大聲自在地講話。

若看臺灣的教育，一次次考試如同浪湧，透過競爭，學生或起或落，而我在「中後段」公立學校任教，自己又曾迷失，格外能感同身受，也常常對著臺下同學說「我們都一樣」：一樣的求學背景，在課業上往往不被肯定，甚至身上貼了「不會讀書就去讀高職」、「沒有一技之長要怎麼吃頭路」的標籤。

於是，自信心如同氧氣，一點一點散去。

少子化的挑戰

回顧一九六〇年代以後，臺灣從農業社會轉型，衝刺工業化，從以農扶工，到進口替代、出口導向，因著社會對技術人力的大量需求，在我父母那一輩，大部分的職校畢業生立即投入勞動市場；反觀今日，升學主義導向下，九成以上職校畢業生繼續升學，普通大學收高職生、科技大學收高中生，不論念高中或高職，對於未來職涯的發展差異也愈來愈不明顯，不少職校生畢業後，走入下一階段，也顯得更為茫然。

因此，在高中職階段找到自己有興趣的專業，努力學習，顯得更為重要。

近十年的教職生涯，站在教育第一線的我，深感另一個棘手的難題——

少子化。寫這本書的此刻，我特別查找數據，在二〇〇一年我考第一屆國中基本學力測驗時，還有三十一萬名學生；而二十年後，高一這屆面對國中會考的新生，競爭者只剩下二十萬人，是當年數字的三分之二；更值得正視的是，國發會推估臺灣人口將進入負成長，工作人口的數量減少，未來雇主對人才「質量」的要求勢必更高。

因此我強烈建議正處於國、高中階段的同學，一定要具備三個條件：品德、英文、興趣或一件自己厲害的事。珍惜時間、為自己訂立明確的目標，努力去做，別輕易降低標準、沉浮於世，面對未來升學和瞬息萬變的職涯發展，便不用擔心自己在時代的洪流中被取代，甚至被淘汰。

自己的努力，就是給學生最好的範本

教育是一切的根本，也是社會進步的原動力，很多社會問題像是治安、毒品、環境保護等，都來自於教育沒有落實、向下扎根，如果搞定教育，很多社會問題自然會迎刃而解。尤其是「接住」家庭貧窮、家長有狀況的孩子，透過教育、稍稍搖動根深柢固的「社會再製」（social reproduction），讓從低階層社會出來的孩子，擁有翻身的機會。

好萊塢影帝丹佐・華盛頓（Denzel Hayes Washington）在二〇一一年為賓州大學畢業生致詞：「想獲得不曾擁有的東西，你必須嘗試從未做過的事！」（“To get something you never had, you have to do something you never did.”）其實人生不就是這樣？一分天分，兩分機運，七分努力。

以我來說，儘管成為職業學校的正式老師，卻還擔心自己過得太舒適，自討苦吃地持續念博士班。曾有人問我說，都已經成為老師、有份穩定工作，有沒有拿到博士應該不是這麼重要吧？

當菜鳥教師慢慢變身中年大叔，曾經的熱血漸漸溫暖，而身為人師，我發現教學生最有用的並不是課本，而是人生——進修正是一種為自己認真生活的態度，觸動了學生的心，才有改變的可能。

從他父親過世後，

課堂上，我再也沒看過他閃閃發亮、求知的眼睛。

他趴著，再也沒起來……

有些孩子，我還是鬆手了

學校其實宛如小世界，舞臺上，有金牌的聚光燈與掌聲，自然也有舞臺下的暗處與哭泣。身為老師，被嘉勉的時刻，常常是學生勇奪多少面金牌、帶出高升學率的班級，但眼見「下墜中的孩子」，我們接住了多少？

關心的人並不多。

我自己出身農家，也格外疼惜辛苦的小孩：有人出身貧困，有人家庭教育扭曲，有人承受校園霸凌，更有人被家暴——我常常鼓勵這些孩子：

老天爺正替他們寫故事，撐下去，十年後回頭看，如同泥淖的成長環境可能是養分，這一套套人生劇本儘管曲折，可以從此往沒有光的地方軟爛，也可能走過幽暗、變得閃亮。

我能教，但我不是神仙，救不了所有學生。

教學現場的尊重和禮貌

自二〇一二年進入木柵高工服務至今，我專任機械科教師，也曾擔任導師，一晃眼，八年了，我除了記得那些得牌的學生，還有一些孩子深深衝擊了我。

來到技職學校第一線，模具科、配管科、鑄造等科別是「產業特殊需求類科」，這些專業科目堪稱工業之母。從二〇〇七年起，教育部為了配合國家經濟發展需求、培育基層技術人才，並且落實政府照顧弱勢族群的政策，在高職裡，讀這些科別的學生，不論公私立，一律有免學雜費補助。

然而，也因有著國家補助，政府特別鼓勵經濟弱勢生就讀，讓稀有類科學生錄取時，有一部分名額堪稱是「比慘的」——沒有最慘，只有更慘，不是雙親有變故，就是比家戶所得的弱勢者，這也讓這些「稀有類科學生」成了五根手指頭中，小拇指的最後一節。

但我不願意放棄孩子，至少在生活常規上。

有些老師會跟學生打成一片，甚至稱兄道弟，我並不認同——我覺得師生之間還是要有基本禮儀，當學生直呼我的名字「弘意」，我會馬上糾正：欸，這樣對嗎？那是一聲提示、是教育，我常常告訴學生：請、謝謝、對不起，不是國小課堂上就應該學過了嗎？為什麼已接近成年，還要不斷被提醒生活的禮儀？

禮貌是一件很重要的事情。並非老派，而是尊重。儘管在西方學術殿堂，師生可能以彼此的名字互相稱呼，但文化不同，也沒有好壞之別——過去我在師大念書時，實驗課上會有同學對著教授說「你怎樣、怎樣」，實驗暫告一段落後，我會忍不住提醒同學，應該加個「老師」吧？當下，同學沒什麼反應，我可能也被視為怪咖；在高職執教之後，早上見到在校園除草的工友阿伯，我也習慣說老師好，他們都好開心。

而今，當我的學生參加競賽口試，我會要求他們：回答老師的提問，不能直接把答案脫口回出，而是先加稱謂「老師」二字，那是教學現場的尊重和禮貌。

教學相長也，老師所教導的，不見得全是對的；老師並非高高在上，更不能壓制學生的聲音。我享受的，是與學生一起鎖定目標、向前衝。年復一年，我會請學生把前一年的得獎海報撕下來、騰出空間，再跟他們說：「你們今年拿下獎牌之後，再貼上自己的海報！」換作我是學生，如果老師這樣跟我說，我也會非常努力吧。

「就是因為國中不努力，我們都曾經不被看好，難道我們還要被看衰小三年？」這樣直接地喊話，不知不覺，學生特別願意聽我說，有些學生甚至因此而改變；拉長生命河流，師生相逢一瞬，謝謝這些孩子給我帶來的一課，我想花點篇幅，記錄他們的身影。

之一、舉廣告牌的學生

這個孩子總是臭的。

當然，我不是第一個發現的人，與他朝夕相處的同班同學，感受更深，也用力地排擠他——我負責教高二的他們「機械力學」——這個學生與家人關係惡劣，不常回家，而且自力更生，只是未成年的孩子要打工，又要有個居所可以收容他，只能在外面舉牌；也是因為這個孩子，我才知道：舉牌人有宿舍，那就像是街友的窩，但可能沒有地方洗澡，於是，孩子總是散發濃濃的氣味；冬日衣服不夠，孩子就把所有的衣服穿在身上，一層一層，是他對世界的防衛，誰都進入不了。

直到有一天，我寫著板書，後方傳來一響清脆的撞擊聲：那孩子從椅子跌下，全身抽搐。我愣住了，只見平時欺負他的同學立刻衝過去、掰開他的嘴巴，再拿筆讓他咬著、側躺，讓口水流出，好似很有經驗。原來孩子是癲癇發作。事後我很慚愧，身為老師，竟不知道學生的狀況；仗義多半屠狗輩，幸好在言語霸凌的尖刀後面，還有同學的互助——無奈的是，當導師請媽媽來學校健康中心，探視癲癇發作的孩子，媽媽淡淡回應：不用了，等一下孩子就會好了。

畢業前，孩子特別過來告訴我，跟爸媽的衝突已經緩解，也願意回家了。我只希望這孩子之後不用再艱難地舉牌，可以擺脫一道道家庭給他的枷鎖。

之二、趴著睡覺的學生

他是個乖孩子。

有一整個禮拜，他沒出現在課堂上。向同學探問，才知道孩子的父親過世；再問班導師，了解到他家裡環境不好，爸爸是經濟支柱——然而，孩子承受父喪後，回到課堂，鎮日趴著睡覺。

我把他叫來辦公室，關心他的狀況。他沒多談家裡的事，只向我抱怨起妹妹：「妹妹回家都要開冷氣，但家裡根本沒錢付電費……」我再問起，夏天時怎麼睡得著？體型壯碩的孩子說：躺很久很久，就會睡著了⋯⋯

我想幫他申請獎學金，他不要；我要自掏腰包資助他，他不要；孩子把鞋子都穿破了，我想買雙新鞋給他，他也不要——從他父親過世後，課堂上，我再也沒看過他閃閃發亮、求知的眼睛。他趴著，再也沒起來。

之三、嗆我的學生

「叫叫叫，你叫什麼叫！」我把睡覺的學生喚醒，他伸個懶腰，大聲回應我。難道當老師的不能叫學生起床嗎？他又嗆一句：「你可以繼續唱歌了啦！」

事後回想，這學生還真機伶，剛睡醒竟然就能跟我對答如流，但那時候的我怒不可遏，只是我不擅長與人起衝突，只好請教官來，馬上把學生帶離教室，以免爆發更大的衝突。

課後我打電話給孩子的媽媽，說明課堂上的狀況。媽媽說：「我的小孩可以不會讀書，但不能沒有禮貌……」放學後，媽媽不僅要求孩子寫信、向我說對不起（但我當場把信一揉，丟進垃圾桶了……），還親自跑到學校來想跟我道歉，只是我剛好有課，沒辦法跟這位明理的母親見面。

孩子在畢業前還記掛著這件事。他跑來跟我說，不知道高二怎麼會這麼叛逆？相信教室裡應該沒有壞學生，只有很壞的氛圍，師生難免有衝突；對撞前，希望我能一次次記得踩煞車。

之四、差一點去當檳榔西施的學生

她是我在彰工實習時，指導的國中技藝班學生。

這個孩子那時候念國三，上工廠實習課時非常認真。女生在「黑手界」

是稀有動物，自然也格外受到照顧，常常有偷懶的空間，但這孩子兢兢業業，最後考上了國立秀水高工；不幸的是，孩子的爸爸發現罹患癌症，她也開始到彰化和美的麥當勞打工。那時我已結束實習，在臺北執教，當這個孩子告訴我，想要爭取技能競賽的選手資格，我還特別為她準備小工具箱，趁返鄉時拿去她打工的速食店……可惜的是，最後她沒能選上。

儘管擔任實習老師只有短短半年，師生仍舊聯繫著。家庭環境因素使然，孩子在高工畢業後投入職場，到彰化的建築公司上班，準備考「乙級建築物室內設計技術士」證照；而當老師最開心的事情之一，就是見到學生成家立業。這孩子結婚前夕，特別帶著另一半親自到臺北，送上喜帖、喜餅；婚宴上，敬酒敬到我這一桌時，她跟大家說：「弘意老師是我的恩師，如果沒有弘意老師，我可能要去當檳榔西施了……」

之五、停不下來的學生

孩子一年級時，自願擔任實習工廠的領班，表現好，和老師的關係也很好，但他操作機臺時，除了用力眨眼，還會出現抽搐、聳肩等行為——原來，孩子患有妥瑞症（Tourette's Syndrome）。

未成年的孩子，還不見得知道這個世界有很多與自己不一樣的人，甚至有一天，他們也可能是少數——與妥瑞症同學相處，其他孩子常常投以異樣眼光，只是這個停不下來的孩子承受的外界壓力愈大，發病就愈嚴重。儘管他想成為選手，但機械操作安全第一，容不得任何閃失，他自然不能參加比賽。

真的沒有辦法了嗎？原本我建議他嘗試「全國身心障礙者技能競賽」，無奈的是，妥瑞症患者並沒有身心障礙手冊，孩子也就不符合參賽資格——漸漸地，孩子少了奮鬥目標，上課也愈來愈無力。

後來孩子轉學，去另一間技職學校的建築科夜間部，白天在建築公司打工，下班後去上課。轉個彎，老天爺也許為孩子關上一扇機械的操作大門，卻開啟了另一扇窗：期待之後再聽到這個孩子的消息，是他已經成為獨當一面的建築師了。

之六、最難教的是家長

在來到木柵高工的第二年，我擔任導師。站在課表前面良久，看到「導師楊弘意」這幾個小字，頓時覺得意氣風發——我才離開學生身分沒多久，就能當導師，一定要有一番作為，振衰起敝、帶出新風氣。

導師是有福利的，可以一周減四堂課，外加每月三千元的職務加給；

然而進入現實教育現場，我發現：一者，要同時帶學生參與技能競賽，又要讓一個班級在三年下來開花結果，根本難以兼顧；二者，教育零拒絕，教育部以學生為主體，高舉「學生受教權」大旗，警告、小過、大過這類的懲罰已經無法約束學生（另有一說是，政府也怕讓這些問題學生走出校門吧，還不如把他們「關」在學校……）

當導師，我不只要導正學生的生活常規，更要與家長來回「溝通」；最後，我發現最難教的是家長。我很受傷，也很失望——龜毛如我，規矩很多，我這種人不適合當導師。

曾有臺北某知名百貨公司的主管，讓孩子在我這兒受訓。一開始，家長還算支持孩子的目標；練習了一陣子，家長覺得學習機械很辛苦，孩子不該當「苦力」，最後讓孩子離開了訓練團隊。但回到班上，孩子的學業表現也沒有提升。當家長期待念技職學校的孩子之後可以坐在辦公室吹冷氣、勾勒不切實際的願景，不見得對孩子好。

也有穿著時髦、很懂打扮的家長，嫌棄學校制服醜，孩子一入學，就帶孩子訂做衣服，把制服褲子改成緊身九分褲；原先，我向家長提議：何不讓「改衣服」成為獎勵？

家長非但拒絕，與我的爭執愈演愈烈：他的孩子每一堂課想睡就睡，我一次次把孩子叫醒，甚至按校規懲處，家長卻說：「孩子還在長大，應該要好好睡……」

也有家長放任孩子，明明該穿制服到校，卻讓孩子穿體育服來，一被我糾正，家長立刻反駁嗆聲：「體育服、制服不都是學校的衣服？導師憑什麼記我小孩警告？就是因為制服沒乾，才穿體育服去學校的！」當時我被家長唬住了，頓時語塞無應。這件事情困擾了我很多天，甚至懷疑自己是不是處罰過當？直到想起小時候，有次也是早上起床發現校服沒洗，只見媽媽迅速蹲下來手洗衣服、脫水、再用吹風機烘乾，衣服穿對了，才允准我們去上學。事後我常常在想：其實這位家長也在公部門任職，需要穿制服上班，難道就可以恣意決定穿搭嗎？

在日本，形容那些以自我為中心、不講理的監護人是「怪獸家長」（モンスターペアレント，Monster parent）；在美國，則諷刺宛如直升機、盤旋在子女頭上，隨時降落幫忙解決問題的家長為「直升機家長」（helicopter parent）——終究，小孩是一面鏡子，映照出周遭大人、家庭的樣貌，我們想要有怎樣的孩子，就該給予怎樣的身教，而我必須坦白說，身處教育第一線，最難教的，是家長。

Chapter 3

每個人
都有故事

臺灣科技大學（全國賽金牌）　左孟民

第一號弟子，破英文的國際賽體驗

我念的是臺北市的明星國中，乖乖牌，上課時，同學看書，我就跟著看書，下課後，父母不管我，我可以一路看電視看到準備睡覺，我的大哥念公立高中，二哥是海軍官校第一名畢業，我只有一個目標，念公立的，不想給家裡太多負擔。

但你可能很難想像，我「英文」很差，差到連題目都看不懂，直到高中，我才能把A到Z背完；你可能更想像不到的是，英文很差的我，後來能去加拿大、澳洲受訓，還遠征阿布達比比賽，甚至去了美國遊學。當然，那是後話了。

考高中的模擬考出來，可以念哪裡？媽媽幫我填了一張志願卡，我自己也填了一張，終於，我叛逆一次，拿自己的那一張去繳，也念了夢寐以求的機械科。

我喜歡新的事情，高一下就當實習工廠的領班，高二也第一次參加全國技能競賽初賽，但連作品都沒辦法完成，自然沒得名；學科表現上，我英文還是一樣爛，當時班上有「四大天王」，是英文成績最爛的四位同學，我是其中一個，但工廠裡，我是鉗工選手，那時候木柵高工還不是得獎的搖籃，老師只提醒我們注意安全，留心工作步驟，讓我們慢慢練習。

光景在二〇一二年翻轉，那一年楊弘意老師來到木柵高工，擔任代理老師。

起初，我做我的，弘意老師看他的，最晚訓練到九點，老師看了幾天，搖搖頭，說這樣不行，他問起，我是玩票性質？還是真的想比賽？

我要玩真的。此後，楊老師每天排進度，讓我練習到十一、二點，甚至是凌晨；我告別網咖、遊戲，因為根本沒時間。

此後，老師一次次詢問我，如何看待比賽的目標，每天拿出一張A4尺寸的檢討表，一天練習一套作品，我就盡力去做，一邊在實習工廠裡大聲唱著我們自嘲的鉗工之歌「煎熬」（編按：李佳薇的歌曲），「心一跳／愛就開始煎熬／每一分／每一秒／火在燒／燒成灰有多好……」

說是煎熬，其實也挺灑脫的，因為根本沒有其他學校的人把我當對手，只有自己跟自己比，評估自己可能哪裡會出錯，哪個環節容易粗心，最後，在全國工業類科技藝競賽中，我拿到了第三名，保送雲科大，身為技職選手，保送進名牌大學，我拚盡全力念書，最後考出來的成績卻是六、七十分，對我的打擊非常巨大，那是一種追不上別人的無力感。

隔年全國賽，我拿下金牌，成為「國手」，在臺灣，去澎湖、臺南、臺中移地訓練，後來更出國，先後到日本、加拿大、澳洲、大陸廣州受訓，每一次接觸不認識的人，楊弘意老師總是自掏腰包、準備禮物，誠心拜託，向這些人請教。

而那面金牌，給我轉學至臺灣科技大學的機會，我轉往工業設計領域，在大學生活，我把雲科技、臺科大當醫學院念，前後讀了七年，休學兩次，一次是成為技職國手，另一次是打工存錢去美國。曾經，我不願再念書，一心想靠技能在美國找一份技術工作，最後，還是決定面對自己的大學學位，畢業前，我也找到中科院的工作，進入國防自主的守護大門。

而飯局上，弘意老師進退得宜，多聆聽，少說話，讓人感覺他很和氣（殊不知在實習工廠裡，只要是比較「衝」的學生，全部都被老師砍掉了），而老師對我影響最深刻的是一板一眼的做事態度，他總是很客觀地評斷自己，知道自己在做什麼；另外，便是懂得看人臉色，帶著禮貌面對這個世界，漸漸的，身為學生的我也更加柔軟。

今年，我二十五歲，做過不下十份打工，當過3D列印老師，在速食店、比薩店、圖書館、早餐店、便利商店、書店、手作皮件店兼差，無疑的，楊弘意老師是影響我一生最深的老師，我的每一個人生規劃，都會向老師請益，那是帶著尊敬的美好距離。

弘意老師眼中的左孟民

曾經的遺憾，在教學與傳承的點滴中，滋味回甘

「如果得了銀牌，很快就會被忘記；如果得了金牌，就會成為榜樣。」這是我對左孟民說的。國際賽回來，政府會安排接機，除了有採訪，還有啦啦隊，在機場裡，只有金牌得主有機會受訪、占據媒體版面，金牌得與失之間，是英雄和狗熊的差別，國際賽就是這麼現實。

比賽是為了求取勝利！在我執教前三年比較「硬」，會要求學生依照我的方法一步步來，務必取得勝利，左孟民應該算是受益者，也是受害者吧！（而今，比起一味追求勝利，我更重視訓練過程帶給學生的成長。）

二〇一六年十月十四到十六日，在臺中的勞動部中彰投分署，國手選拔告一段落，左孟民順利獲選，他是我到木柵高工任教第一年，全力栽培的第一號弟子，那是學生的榮耀，也是我的榮耀。

我不會忘記左孟民選上國手的那一刻，因為兩天後，我和太太到新莊的戶政事務所登記結婚，我騎著摩托車，穿著夾腳拖，滿腦子還想著國手培訓的事——太太曾忍不住抱怨，「楊弘意你做成這樣，錢有比其他老師多嗎？他們可以正常上下班，你卻常常忙到凌晨時刻才回到家……」工程師退休的岳父聽到太太的埋怨，對妻子和我說：當老師，學生就是最大的財富啊。

只是值得思考的是，當左孟民展開國手培訓，他已經是臺科大大二的學生，大學端理當支持學生部分或全部的訓練經費，但事實上，整個國手培練過程，幾乎都是由左孟民的高職母校「木柵高工」負責所有國手培訓工作，再加上勞動部、教育部國教署、臺北市教育局等教育單位的金援、募款和自費，才得以面對龐大的國手訓練費用。

若是放眼國際，當臺灣還是由教育單位栽培國手，國外已經是由企業出資搶人才了：一方面培訓選手、為國爭光，一方面也是在培養公司人才，比賽結束、畢業後立即投入職場，貢獻所學、造福企業，譬如日本的PANASONIC、豐田子公司 DENSO，韓國 Samsung 等。

臺灣的技能國手培訓制度，除了國家支持、高職培訓外，需要更多大學的配合與企業參與，才能讓國手養成更加完善，若有機會凱旋而歸，能夠持續發揮選手們的專長。

二〇一七年，我帶左孟民去阿布達比參賽，賽況很膠著，第一名是中國大陸，第二名是澳洲、巴西並列，之後都是優勝；比較可惜的是，左孟民的實作技術完全沒問題，只是工作習慣比較隨興、做自己，譬如使用扳手時，不管型號對不對，拿起來就鎖螺絲，又說這叫「亂中有序」，這也許是他沒能奪冠的原因吧。

隔年，我拿到師鐸獎，剛好在美國見學的左孟民，買了一件美國太空總署NASA外套給我，他說：給老師穿的，要買好一點——沒機會以選手身分踏上國際舞臺的我，曾經的遺憾，在教學與傳承的點點滴滴中，滋味回甘了。

修教育學程，夢想踏上人師之路

臺灣科技大學（全國賽銀牌）　林傳嘉

我有三個姊姊，是家裡的老么，也是唯一的兒子，從國小五年級開始，我一路補習，下課後，媽媽就把我鎖在家裡，我不是在家裡、學校，就是在補習班。國中時，我的成績排在全班前二分之一，靠在校成績，我應該可以進海山高工（按：現改名為「新北高工」），可惜最後成績連報名的機會都沒有。

考完國民中學學生基本學力測驗（按：現由國中教育會考取代），我對所有高職類科沒有太多概念，就照前一年的落點成績來排志願序，家裡也放任我；分發後，我來到了木柵高工。

聽到「高職」，很多人應該覺得「隨便念就能畢業」，但事與願違，以前泡在補習班的我，出了補習班，哪會念書？一年級讀完，我排倒數第五名，這成績嚇到了我。

我能再這樣混下去嗎……

「你們還有選手的機會，可以試試看！」導師的建議，為我開啟了另一條道路。升高二時，我決定待在實習工廠，和另外四位同學一起練習「車床」，但我成績比較差，無緣成為學校的正式選手，只好轉換職類，到弘意老師麾下練習「鉗工」。

在弘意老師眼中，我總是落後別人一點，成果也不太好，但我並不夠自覺，相反地，我幾乎無視外在的否定，以自我為中心，程度之差，自然在高二沒有機會代表學校出賽；那時，高我一屆的左孟民學長代表學校比決賽，弘意老師問起：要不要去觀賽？「去觀賽幹嘛，對我又沒有幫助……」我脫口而出的那一刻，弘意老師沒多說什麼，只是轉身進辦公室，但我如今回想，他應該已經氣炸了。

幸好，後來有其他老師幫忙緩頰，弘意老師稍稍氣消，還是帶我去觀摩，這才知道，我當時的程度差學長一大截。我邊看邊學，再跟老師討論。

從觀察老師，到模仿老師

直到高三，換我成為學長，終於有機會出征，參加全國工科技藝競賽的鉗工項目了！賽前，弘意老師扮演起烏鴉，叮囑我：「如果這次工科賽成績不好，你已經高三，之後也沒機會了！」

後來，我在六十多位參賽者中，只拿下優勝第十四名，成績不好也不壞。因為優勝只有在甄審入學時有加分，並沒有保送資格，所以賽後，我拾起課本，努力讀書，一路慢慢從吊車尾讀到前十名，最終，以統測分數和優勝的競賽加分，進入聯合大學就讀。

先觀察弘意老師，到模仿弘意老師：從來不寫筆記、自以為可以靠腦袋記住一切的我，看弘意老師隨時準備一本小手札，我也準備一本，記錄自己的目標、盤算要付出的條件；原本我是走一步算一步的人，現在也開始學會計畫、學會三思而後行。

而最讓我感動的，是弘意老師對學生和指導選手的付出：不只是心力，更是物質的幫助。為了幫助學生參賽，弘意老師自掏腰包，偶然得知老師在我比賽的當下，戶頭只剩下四百多元——外人眼中，他也許是很窮的老師，但在學生眼中，他擁有我們最大的感謝——我打從心底想成為這樣的老師。後來，有機會轉學到臺灣科技大學，也加緊腳步修習教育學程，夢想踏上老師之路。

在教程的最後一門課「工業科目教學實習」，我回到母校木柵高工展開六星期的跟課與試教，弘意老師再一次成為我的「教練」。試教後，我才發現當老師不能只會帶選手，在學習風氣比較不好的校園，還要「抓回學生」，行政、教學、輔導，沒有一門課題是簡單的。

職校學生常常誤以為進來不用念書就能畢業——殊不知，讀書和實務缺一不可，職校學生如果沒興趣，還是趕快轉換跑道——我也是透過比賽，才發現自己對機械是有熱忱的。

看著親手做的每一件作品，都帶給我純粹的快樂，接下來，我就要去當兵、參加教師檢定考試，希望能趕快成為正式老師，向弘意老師看齊。

弘意老師眼中的林傳嘉

大雞晚啼，一個罵不跑的學生

要說被我罵最慘的學生，非傳嘉莫屬，他有一大優點，就是聽話，怎麼罵，都罵不跑。

老師之所以會一直念學生、一直罵學生，通常不是要找碴，而是很在意那位學生——每當他走進辦公室，其他老師就知道，完蛋了，傳嘉又要被我罵，罵久了，他也被罵到習慣了。

難能可貴的是，傳嘉也是我訓練過的選手中，訓練量最多的，別人比賽前，請一個月公假練習就好，傳嘉願意請兩個月的公假，天天練習，假

第46屆
全國技能競賽

日也無休，坦白說，現在的學生可能很難辦到（以前我比較「高壓式教學」）。

然而，傳嘉有一個非常大的毛病，一緊張，全身流汗，簡直像是經過一場暴風雨。

汗水讓傳嘉非常吃虧：他參加比賽的時間只要一拉長，就會出事，因為作品保存不到一天就會長出鏽斑，影響尺寸精度，就算塗上防鏽油也是會生鏽；在機械類的競賽中，鐵製品的美觀也是評分項目，不能忽視。我們絞盡腦汁，想了很多方法：在他手上噴止汗劑，甚至直接噴防鏽油在雙手上，結果作品還是生鏽了……既然沒辦法避免，我只能要求他在完成作品時，先浸泡第一桶去漬油，再泡第二桶機油，減緩生鏽的速度。

防鏽本來是一件簡單的事情，多數選手只要在作品噴上一層薄薄的機油就沒事了，真不知道林傳嘉的汗水如何構成的？到現在還是無解。

傳嘉的父母親都是純樸勤奮的人，林爸爸在汽車鈑烤廠工作，從小時候就常帶著他在身邊幫忙，傳授他汽車鈑金的技術及手藝，也是在那時候，讓他對機械產生印象及興趣。

記得在競賽集訓之初，我打了一通電話給林媽媽，電話那端，林媽媽用不太流利的國語說著：「老師拜託你，傳嘉這個孩子不聰明，但心地很好、很乖，雖然也很擔心集訓會影響大學課業，他想再拚一次，做媽媽的就是全力支持他。」

傳嘉在二〇一六年的全國技能競賽取得銀牌，也靠這面獎牌，保送進入臺科大，繼續他的學業。

長得很魁梧，講話又慢的傳嘉，一心想當老師，我也順勢讓他有機會就上臺與學弟妹分享自己的求學、選手經驗；但傳嘉回木柵高工試教時，我有點擔心，他不僅容易流汗，在講臺上也容易緊張，明明很好的他，總是少了點自信。

傳嘉的故事，證明了即使先天條件受限，也有機會突圍，我常常說他是「只有百分之一的天分，卻有百分之九十九的努力。」大雞晚啼，努力不懈，期待傳嘉一鳴。

四顆被遺忘的螺絲

臺灣科技大學／繁星計畫全國總榜首　張哲維

我從小就喜歡車，火車、汽車、摩托車，在我的世界裡，車是自由的象徵。

第一臺車就是腳踏車，要是壞了，我會自己動手修，這應該是與機械最初的連結——說課業，我的成績不上不下，念國中時，數學慘不忍睹，月考不及格也不是稀奇的事，補習則是補救要潰堤的成績。這樣的學習經驗讓我打定主意——絕對不念高中，最後透過免試入學分發，我進入了離家近的木柵高工機械科。

學習一技之長應該比念書有用吧？

「耶，不用念書了！」在木柵高工的第一個學期，同學都享受著小高一的生活，打打鬧鬧，而我則像平常一樣，書有一頁沒一頁地翻，竟在第一次段考拿到全班第一名：這好像是突然打通任督二脈，發現自己原來在學科上也沒有那麼廢，課業不再只有考試背誦——「機械製造」宛如魔法書，讓我愈念愈感興趣。

也不只學科，比起念書，我更愛實作，實習課表現也不錯。當時科主任看中包括我在內的幾位高一同學，便推薦我們開始接受弘意老師的訓練。

多數訓練選手的老師，都放手讓學生練習，注重尺寸是不是到位；弘意老師則更看重態度，也會啟發學生多動腦、多思考——在實習工廠，不是一頭熱就開始製作，而是先想好、再做，才能省時又省力。曾幾何時，我根本聽不進弘意老師的勸告，反而在我退出選手後，才時時刻刻地意識到：學問愈來愈複雜，如果邊做邊調整，只會更痛苦，假設工業製造全部過程是一百分的心力，構想、設計大概就要占八成，剩下兩成才是執行。

一個沒有名次的結局，卻是精進的開始

態度，是木柵高工在比賽取勝的關鍵。很多學校無法像木柵高工的實習工廠，形塑出「學長、學弟是生命共同體」的連結，而是把彼此當敵人。木柵高工的團隊願意互相拉對方一把，這便是團隊的凝聚力；在弘意老師設計的訓練機制之下，只要少練習一天，個人的進度表就會出現空格，早期老師將表格貼在桌上，現在已經進步到用電視牆的方式，大家互相督促、激勵。

於是，學弟比學長更厲害，在木柵並不是新鮮事，畢竟，就如職場上，有人學得快，有人學得慢，要緊的是團隊合作互補，一起抵達終點。

弘意老師對細節的要求，超乎想像；他三令五申：「做得再爛，都要想辦法把零件組裝起來，機械能動，就贏一半！」老師那時候領我參加很多比賽，印象最深刻的莫過於全國技能競賽決賽，我在最後組裝的程序出錯，粗心大意地遺忘了不起眼的四顆螺絲，一心只想超越學長（左孟民），成為站上頒獎臺的人。

賽後，我的粗心體現在成績上，一個沒有名次的結局，但卻是我自己精進的開始。

記得弘意老師對我開玩笑：「書念得這麼好，怎麼會犯粗心的錯誤？」那時年輕氣盛的我，自尊心很高，經不起別人潑冷水，眼淚潰堤如盛了水的玻璃瓶應聲碎裂，我一邊哭，一邊反駁老師：「我雖然成績好，不代表實作好……」拭去眼淚，如今回頭看失敗，四顆螺絲也成了學長學弟之間互虧的笑話，沒什麼大不了。

後來，我發現自己罹患僵直性脊椎炎，體力無法負荷選手日以繼夜的訓練，只能轉身投入學術類比賽：因為科學展覽除了實作，更注重理論基礎，激發我回頭去翻書。讀書跟比賽相輔相成，最後，我拿到全國科展第三名，再加上在校成績全校第二名，成為了繁星計畫甄選入學那一屆（一〇四學年度）全國總榜首，進入國立臺灣科技大學。

技能，苦學就有，但想法，是要培養的——弘意老師不只要求學生，也對自己有高度的要求，記得老師的第八堂課後輔導，不是發考卷了事，而是紮紮實實地上課、分享他的人生故事，有這樣的榜樣，學生更容易自發練習；在學校裡，機械科幾乎是全校最晚熄燈的，有時通宵都燈火通明，老師就像工廠裡的那盞燈，照亮了我們。

弘意老師眼中的張哲維

夜空中最亮的一顆星

記得第一次帶哲維參加科展競賽，毋須我多言，他就準備好自己的講稿，在評審面前大方表現。每一個學生都是獨立的個體，有學生可能需要我一步步帶他，聰穎又有主見的哲維則不需要。（可能就算我寫好稿子，他不一定照著念……）

從繁星計畫的成績看來，哲維是技職學生中最頂尖的，但他的強大，來自於一次次受挫、再爬起——哲維在接受選手的訓練時，比同屆起步的時間晚了一些，從「銼平面」開始，他做起來歪七扭八，後來進階到「銼方孔」，受訓的學生們陸續抓到絕竅，方孔不再歪斜，直角也有模有樣，唯獨哲維的進度仍原地踏步；但他沒有放棄，每一步都想很多。

「如果你做出來的東西是一盤散沙，而其他人做出來的東西都很完整，你會覺得很丟臉嗎？」我問哲維。

他低聲嘴說：「不會……」那好，第一次沒做出來，沒關係，只要明天比今天做出來的東西更完整，就會看到自己的進步。

有一天晚上，哲維一心想著，終於要「突破關卡」了，學長還等著他一起回家，但樂極生悲，到最後機械組裝的時刻，居然因為一顆沒清理乾淨的小鐵屑卡在圓孔中，哲維費盡心力，就是無法把軸拔出來，他近乎瘋狂，拿著銅錘狂敲，想把軸敲出來，結果並不意外——他又失敗了。

之後，哲維就對「失敗」的定義有很深的感觸：練習時，失敗多少次無所謂，跌倒後，拾起教訓，繼續走下去，才是關鍵；如果一味只想著跟老師交待練習進度，沒有嘗試錯誤，既浪費時間，也失去訓練的意義。

值得一提的是，哲維大三的時候，通過了德國交換生的申請，前往埃斯林根應用科學大學（Hochschule Esslingen）就讀。他親筆寫了兩封信給我，分享他在德國的生活點滴，我摘其中一段分享給大家：

「當初選手訓練『想好再做』的做事方式已成習慣，在德國的一門課也強調工作前計畫的重要性，寧願計畫久一點，也不要過程中手忙腳亂。對於人生的規劃也是，至少有個目標去努力，去充實自己。」

從選手到科展，再到出國讀書，哲維從競賽失敗中建立起自己的步調與態度，只要用盡全力，相信哲維會一直發亮——一旦發現自己做事愈來愈輕鬆寫意，就會發現自己充滿前進的力量。

被家人放棄的慢・烏・龜

彰化師範大學榜首（技優甄審） 陳韋霖

土豆，是我在實習工廠裡的外號。

我是陳韋霖，國立大學這四個字，是曾經徬徨迷失的我連想都沒想過的，直到遇見了弘意老師。就像龜兔賽跑的故事，我是那隻烏龜，慢慢爬，終於成功逆襲。

國小畢業時，爸媽覺得私立國中比較嚴格，便送我去念。起初，在班上成績還有前十名，但我漸漸發現，自己只能應付小考，範圍一拉大，我就考不好；在學校被老師打，回家爸媽再打——從小就這麼一直補習，成績起起伏伏，到了國三前分班，我的成績不夠好，很難外考到公立高中，只能直升私校的高中——還要繼續讀私立學校嗎？

讀了三年私立國中，爸媽期待的是我能考上公立學校，而叛逆的我則把可以直升私立高中的錄取通知撕爛，進入外考班。

私校把外考學生當口碑，壓力自然更大，我才念了一個禮拜，就發現根本念不下去；自己愛打線上遊戲，爸媽希望我好好讀書，便中斷家裡的網路訊號。在家不能玩，我就想，好啊！那我擺爛，把書本丟在桌上，看爸媽能拿我怎樣？

大考前，我的意志依舊消沉，趁爸媽不在便溜去網咖；媽媽氣到說不出話，拿撞球棍狠狠打了我一頓，一邊打，一邊哭：「到底有沒有為自己想？」原本什麼都無所謂的我，見到媽媽的眼淚，我傻住了。這輩子，她揍我，從來沒哭過，爸爸也走過來，罵我不孝……

直到考試剩下五十天，我沒有喜歡任何一科，只喜歡打電動；隨意拿起課本，只有「歷史」比較像電玩的情節，不然加減看一下；讀了一個禮拜，發現也沒那麼難，最讓我頭大的數學，我放在最後才翻一翻——大考那天，同學的家長幾乎都是陪考一整天，爸爸只載我到考場門口，就叫我下車。「不陪我嗎？」「不用了，已經丟臉三年了。」

我很無助，覺得自己被家裡放棄了。

考試結果出爐，我的成績可以上後段公立高中。最後，我推甄上了木柵高工機械科。媽媽第一次參觀工廠時，看到鑽床，忍不住喊：「夭壽，你的手要留下來賺錢欸！」因為阿公從事南北貨批發，家裡的想法是：讀高職沒出息，尤其是機械科，再怎麼樣，好歹念個商科！但我一心想著：木柵高工是公立的，學費比較省。

即使對手再強，也不要怕

上了高一，我的導師是弘意老師，修實習課時，我體悟到：與其渾渾噩噩過三年，不如試試看當選手。於是我收起電腦以及貪玩的本性，向老師毛遂自薦，先選上「備取選手」。備取二字，有種隨時被替換的恐懼感，我已經不想念書了，如果選手這個機會再被剝奪，人生還有機會嗎？

工廠裡，我的口頭禪是「幹，弘意來了！」邪門的是，只要我一想玩，老師就會出現。學長一個比一個認真，我也一天到晚被老師要求多練習。

其實，當時我對老師並不理解，也不諒解，休息時間很短了，當我想停下腳步吃頓飯，老師卻總是逼我多練習，說我動作慢、沒有規劃，聽起來，覺得自己已經輸了。

有一回，我被老師罵到：「好啦，不想罵你了，怕你又沒信心……」當下我很害怕，曾經感受到家裡對我的放棄，如果連長時間栽培我的弘意老師也鬆手，我該怎麼辦呢？我叫住老師：「老師，確實我該被罵，比賽要到了，我做不好，請老師嚴厲指責我。」這下子，換老師愣住了，他除了用龜兔賽跑的故事鼓勵我，並不多說什麼，只是練習到深夜，親自開車送我回家——那對我是非常大的溫暖和鼓勵。

愈接近全國賽，我愈察覺自己的程度遠遠不及別人，就連比校內技藝競賽，我的成績在選手中也敬陪末座。我大哭一場，抹去眼淚，再度上緊發條；接近比賽時，老師把我一個人隔開，其他人在二樓練習，我得到工廠一樓去自我訓練。難道我就這麼糟糕？熬過去才發現：當我完成的時間縮短、成品的精度增加，老師其實是想讓我用其他人在休息的零碎時間，迎頭趕上。

我對決賽不敢有信心，只好把歷屆題目都做一遍，比賽除了靠努力，也要靠運氣。過程中，我割到手，受傷流血，裁判問我要不要包紮，但我只有一個念頭：贏！我馬上拿著未完成的作品，一手泡進煤油桶，除了洗去作品上的血漬，也讓自己受傷的手指在短暫的一、兩秒鐘暫緩流血，再用電火布綑一綑，就怕評審要我停止工作先行處理（因為工廠安全，我手指受傷，除了有安全扣分的疑慮，比賽可能直接被迫中斷……）

受傷當下真的痛到我頭皮發麻，做完之後，膠布撕下來，傷口已經開口笑——我也笑了，因為拿到決賽第四名。

「即使對手再強，也不要怕，要有我跟你拚了的決心！」從技能競賽，到科展、小論文，一場又一場比賽，弘意老師不厭其煩地叮囑、修正，讓我在他身上學到很多報告的技巧；比賽歷練加上豐富的訓練成果，弘意老師在高三的十字路口再度推了我一把：讓我以厚厚的備審資料，在技優甄審中考上彰化師範大學榜首。

三年的蛻變與成長，是老師把我從虛擬世界拉回現實，在迷途中找到賽道。

弘意老師眼中的陳韋霖

聽見土豆阿公的笑聲

土豆生長在傳統家庭，當放榜時，土豆考到彰師大榜首，原本對他幾乎放棄的阿公，態度一百八十度大轉變，向親友炫耀著自己孫子的不簡單——這個孩子以努力重生，證明了他的獨一無二，如同用雙腳追四輪車，儘管慢一點，還是追上了。

記得在土豆奮力練習期間，還有一個讓我感動的小故事。有一天，他沒能完成當天練習的「菜單」，就說頭痛，得先回家。隔天他一來到學校，我忍不住叨唸：「又在偷懶，我真的不知道怎麼跟你說欸！」罵完，土豆也沒多說什麼，這個人即便被罵，還是笑笑的，繼續埋首練習，直到深夜，他拿出準備好的禮物。

「老師，抱歉，我提早走的原因，其實是去買你的生日禮物！老師你對我好，而且我資質不好，你也不放棄我……」我非常感動，不只是因為土豆惦記我的生日，而是看到他一點一點慢慢進步。

在人才輩出的選手群裡，土豆雖然比別人的反應慢一些，但只要孩子願意努力，我就願意用多一點時間栽培他，走得慢沒關係，堅持繼續走，終究會走到終點。

土豆剛進彰師大時，面對一本本原文書，其實很傻眼，因為他在練習技能選手時，沒有辦法同時專注在課業上；這一次，別人又跑得比他快，但我常常鼓勵他：「成功不是只留給有天賦的人，也會留給持之以恆的人；遇到挫折時，先別讓自己卡在當下，稍稍放鬆、隔天爬起來，再戰。」

未來的你，會感謝現在拚命的你。

從跑道到工廠，轉換賽道風景

臺灣科技大學（備取國手）　張佳峻

國中時，我在班上成績並不好，儘管一度認真讀書，還是在倒數十名。漸漸地，我意識到光是靠讀書，沒辦法考取好高中；到國三，同學們開始準備會考，我決定走「體育」這一條路，也向體育老師毛遂自薦，說自己想練習田徑。

然而我念的國中沒有體育班，因此放學後，我跑去信義國中體育班參加團體練習。國三才加入的我，以那樣的訓練強度，真是靠意志硬撐才挺過來的。當時，距離全國中等學校運動會只剩下四個月，其他選手從國一練到國三，我只練習了四個月，練到膝蓋、腳踝都受傷，但只要一天不跑，體力就會下滑。

當我每天跑到連走路都會痛，教練卻打電話向我媽打小報告，說「佳峻在偷懶」，後來才知道，我根本已經練習到「骨裂」；所以在獲得體育保送南港高中的機會時，我反而猶豫了：加入南港高中體育班受訓的第一天，我就練習跑一萬公尺，卻怕自己再跑下去，身體承受不住。

最後，我選擇了木柵高工。

踏入學校的第一天，我發現自己對實習課更有興趣。我們一夥十幾位同學，晚上自願留下來，為了「機械加工技術士丙級」證照練習。那時候我並不知道有機會成為選手，只知道弘意老師的學生們、也是二年級的學長一人推一臺綠色工具車，看起來意氣風發。

「我也想成為選手！」弘意老師聽完我的雄心壯志，只把醜話嗆在前面，說他會很嚴格。

我有自知之明：我不擅長讀書、不擅長考試，但我有好勝心，而且家就在學校旁邊，就算練習到深夜十一、十二點，也不用花太多通勤時間，總有一天，我能追趕上其他選手。

不去解決問題，就等著被問題淘汰

高二的土豆學長（按：陳韋霖）成為我努力的標竿，在我進入木柵高工時，學長們已經一位比一位還厲害，光是要取得代表學校出賽的資格，就是頂尖對決。

但我還是衝了。高一，我參加全國技能競賽初賽沒有得名，無法晉級決賽，可是我只難過了一下，立刻重整旗鼓，跟著土豆學長每天規律地練習兩套作品。起初我一味追求分數，逃避困難加工之處，譬如鉗工比賽中最難的是「銼方孔」，但弘意老師一再要求不能放棄——不去解決問題，就等著被問題淘汰。

弘意老師的好勝心非常強，這也讓我壓力很大，記得工科賽在每年十一月底登場，同一時間，我進入了旺宏科學獎決賽，以我的能耐，很難兼顧，在工科賽比賽前一個月，我幾乎練習到疲乏，身體一直出狀況，不是感冒就是落枕，頭歪一邊，完全不能動，學長以為我在開玩笑，但那是真的。

眾多比賽中，令我印象最深刻的要算是「旺宏科學獎」。在某次培訓過程中，量測高度計壞了，我向學長借用，意外發現每支高度計所測量的數值都不一樣，且誤差值都不小，跟老師討論後發現，原來是久放變形所造成的誤差。

旺宏比賽面試上陣前，有一個小插曲：我穿著皺皺的制服，但弘意老師一瞥見，立刻要我脫下，換上他身上的襯衫——老師嚴謹的態度可見一斑。結果揭曉，我以「精密二次元高度計的製作研究」拿到旺宏科學獎銀牌獎，未來大學四年有獎學金二十萬元。

從跑道來到工廠，一路跟著弘意老師學習，我的目光不再只鎖定終點目標，更會觀察周遭細微的事物，思考為什麼會這樣？能不能變得更好？我再也沒像以前跑那麼快，卻看到更多的風景。

弘意老師眼中的張佳峻

想當國手的野心，戰勝了恐懼

佳峻有著運動員的體格、長跑選手的毅力，他不僅是學校的技能競賽選手，也積極參加各種校外比賽，大概高職生可以參加的項目他都參加了。

最值得一提的是，他讓木柵高工第一次在被喻為「高中生諾貝爾獎」的旺宏科學獎中獲得獎牌──他的創作有別於以往機械科競賽，只是設計製造出一件作品，

還加入數據分析，並用理論計算驗證自己的作品，更具說服力和精確性。

二〇一八年遴選國手時，佳峻正就讀虎尾科大飛機工程系二年級。他向系上教授求教、協助他受訓，當時，虎尾科大給他獨立的空間，張爸爸還開著小貨車回來木柵高工，將佳峻訓練時要用到的工具、材料，全部載去虎尾科大。

聽張媽媽說，佳峻怕黑、怕鬼，但想當上國手的野心，戰勝了恐懼，他一個人在虎尾科大的工廠練習時，要把音樂放得很大聲，才能蓋過四周吞噬人的可怕寧靜。

後來，佳峻取得工業機械修護備取國手的資格，也得以轉學進入臺科大機械系，這一點，他要非常感謝虎尾科大的栽培。

告別手機遊戲，從跨考中展現改變的勇氣

臺灣警察專科學校　呂家萱

國中時，我有一點小叛逆，又愛玩。

早自習時間，因前一晚不早睡，又想買學校外的早餐，儘管遲到會被罰打掃，年輕不懂事的自己，寧可被罰，也不願循規蹈矩地和其他同學一樣準時上學；下課時，也沉迷於手機遊戲……

放學後，我每天被考卷、補習逼到喘不過氣，十分迷茫，不知道自己的需求和未來的職業規劃，只求考上公立學校、減少家裡的開銷，讓家中

經濟寬裕些。

最後，我考上了木柵高工，校園風氣十分開放及自由，課業壓力並不繁重，熱愛表演的我，下課空閒時，選擇參加了跳舞的社團活動，主要跳嘻哈、鎖舞（Locking）；而我的人生轉捩點是在高二時，因為跳舞，幸運認識了一位大安高工圖文傳播科的朋友，這位朋友是一位目標導向明確的人，和他一起讀書、學舞、玩樂時，我漸漸了解到「何謂靠著自己努力」完成目標及夢想，也開始勾勒自己未來的樣子。

在學校裡，我十分期待上弘意老師的課。就拿「力學」來說，原本抽象的觀念，在老師自己編的教材和透過題目的引導講解下，學生能夠更快吸收；而愈認識老師，才發現嚴肅面孔底下，藏著笑匠的心——想起國中時的我，根本不知道「融會貫通」，以為將書上的知識全背下，考試時填上去，就叫做成功。

在弘意老師的啟發下，我學會為自己訂定目標，一旦達成，那種透過自己努力得到的成就感，能夠不斷驅動自己尋求下一個里程碑，讓自己成為更好的人。

高三暑假的跨考決定

升高三的暑假，我體悟到：在技職領域，儘管我有毅力讀相關科系，但「機械」並非自己將來工作上選擇的道路。與一般高中學生相比，我數學不夠好，倘若報考大學的一般科系，成績可能不如預期；反覆思考之後，我想起自己兒時的夢想——成為一名警察。查詢相關資料後，我下定決心報名補習班，開始了國考挑戰，也改變了我人生。

弘意老師非常反對跨考，他從高一就常勸告大家：「如果不想念機械，趕緊轉學離開，別等高三再跨考餐飲、護理等其他類科，那不僅浪費時間，也不負責任。」——當我決定投入警察特考，放棄學校的暑期輔導時，原本還擔心弘意老師會責難，沒想不到他竟大力支持。

除了班導師力挺，弘意老師也時常給我鼓勵，那並非嘴上說說「加油」，而是來到我座位旁，以眼神示意、笑一笑。

記得五月考完統測，班上同學人心浮躁，多數課程成了自習課；但我戴起耳塞繼續讀書——內心自我喊話：「呂家萱，再累也要撐下去呀！你只有唯一的目標，如果沒有考上警察，一定會很失望的。」那好像是在山谷裡自我對話。

國考道路上，從清晨八點鐘讀書到晚上十二點鐘是常態，在考前兩個月的衝刺階段，我向學校請假，獨自在補習班的自修教室讀書。聽同學說，弘意老師一邊上課，一邊拿出粉筆，在黑板上計算起未來成為公職可能的薪水，宣揚「軍公教也是不錯的選擇」，和大家講解公務員的性質，鼓勵班上的同學思考未來的職涯規劃。

坦白說，我考警察的初心，也是為了一份相對穩定的收入啊。

面對未知，更加專注，無畏無懼

人生只有一次，要，就必須做到最好，不為自己留下任何的遺憾，若是半吊子、虛度光陰，是否乾脆不要開始呢？——二〇一九年六月，我擠進了警察特考的窄門。

這一年除了準備考科，領會更多的是內在修養、情緒管理和抗壓性。

二〇二〇年一月，我開始在警專受訓，再無關緊要的課，我也會認真聽講，學習新知，好勝心也愈來愈強，針對每一件微小事物，我都訂目標，持續努力，才能讓自己安心——

現在，我每天必須跑三千公尺，持續鍛鍊體能，完成時間從十九分鐘已經進步到十四分鐘；練柔道時，學習被摔時如何保護自己（前迴轉倒法），與自己的身體對話，才發現曾經練習跳舞的自己，可以抓到技巧，慢慢進步，也從中學習到課堂的樂趣。

告別手機遊戲：我在補習時，發現了自己對法律的學習興趣，有朝一日，我應該會持續進修，一邊工作，一邊修習法律學分——還有好多夢想和興趣希望能夠一一實踐，如報考司法特考、學吉他、跳舞、養一隻貓……二〇二一年一月，我即將正式成為一名警察人員，雖然離開了機械這條路，但跨考的勇氣，讓我面對未知，更加專注，無畏無懼。

立定目標、加倍努力的範本

跨考，有兩種，一種是考假的，一種是呂家萱。

通常在高二下學期，學校會統計學生要報考的類群，將有志於考普通大學，或是繼續走技職科大的學生分開報名，部分在班上成績表現屬後段班的學生，有很高的比例都會選擇從機械領域脫身，報考完全陌生的「衛生與護理類」、「商業與管理群」、「餐旅群」、「藝術群影視類」等類群，這樣一來就算考不好，對家人、老師也有了藉口，不至於太被責難——但在我看來，這群學生根本是鴕鳥心態，挖個地洞把頭埋起來，不願意面對現實。

在學校，我每年都會教三年級，幫同學做升學科目的總複習，看到這群軟爛的跨考學生，我總忍不住生氣：那是考假的，更是欠缺為自己人生負責的勇氣！

反觀家萱，坐在教室的最角落，安靜讀書、立定目標的她，轉換領域，往警察之路邁進，儘管大可以不必再讀機械，她卻在高三修習我的「綜合加工實習課」，不僅認真書寫工作單，機械操作更是認真，在趕去補習前，一定會完成工廠清潔，毫不苟且，她的工作單到現在我一直留著，儼然是實習課的標準範本。

讀機械的同學如果有志轉戰公職，不一定要像家萱一樣報考警察，也可以報名國考，例如鐵路特考、關務特考、中鋼招考、臺灣菸酒、臺灣電力等機械職公務員——而每一年陪伴高三學生，都讓我格外有感觸：孩子不能再耍賴，必須進入「選擇」的階段，想一生渾渾噩噩，或憧憬高收入，抑或是可以相對安穩的公職，都是選擇。但做了選擇，對於自己想要的東西就要加倍努力，不要什麼都不做，又什麼都想要。

卸下自我質疑，懷抱機師夢

臺北科技大學　林孚恩

我家住在松山機場附近，小學時因為跟著同學一起玩，讓我愛上了航太科技，除了曾衝去松山機場、桃園機場周圍拍飛機，新竹、臺東、臺南、花蓮等空軍基地開放時，我都有去參觀。如果你曾看過雷虎（編按：中華民國空軍下屬的飛行特技表演小組）的飛行，肯定會嚮往那無拘無束的海闊藍天。

在父親的遠見下，我很小就開始學習電腦程式與機械組裝；小學六年級，我參加臺灣區電腦化運動競技大賽，拿下國小組「機器螞蟻賽跑」和「自走車競速」的第一名。可惜這條電腦機械的探索之路，在我升上國中後開始迷失……

我進入學區裡的完全中學，完全中學涵蓋國中部與高中部。說實話，學校幾乎把所有資源都給了高中部，而忽略國中部。國中時期的我特別喜歡展現自我，常常挑戰老師，愛問許多「為什麼」？

於是，反骨的我成為老師的眼中釘，地理、公民、數學等不少科目的老師與我的互動愈來愈糟，這群老師們慢慢消磨掉我的自信心，而自信心就像皮膚，一層層地被扒掉，最後赤裸裸地暴露在眾人的冷眼之下，讓我不知道「林孚恩存在於這世界的價值」在哪？老師與同學的嗤笑，像遲鈍卻強烈的頭痛，一開始只覺得老師機車，後來連同學也對我有既定的刻板印象，全班形成的氛圍讓我很不舒服。

當老師發現學生的問題，卻不是處理問題，而是處理學生。

印象中最深刻的是某一堂英文課。國中三年，英文老師相當嚴厲，會特別關照眼中釘（如我），那一次小考，有一題只有我跟一名女同學答對，女同學向來名列前茅，答對時，全班不意外，同時答對的我，卻承受全班露出的懷疑目光，把我當成小丑般看待——我當下認知到，我是班上最底層且不受歡迎的分子。

連帶地，我在學習上，總是會對自我能力產生質疑。

遇見啟發我這個「異類」最多的老師

進入木柵高工之後，聽說弘意老師很嚴厲，是負責訓練選手的老師，學生不容易猜出他的喜怒哀樂，有了這些風聲，班上很怕他。

但一上課，發現完全不是那麼一回事。

在「機械力學」的課堂上，弘意老師的教法淺顯易懂，班上有幾位特立獨行的同學，在統測（按：技職學生升學時，可透過「四技二專統一入學測驗」）期間覺得弘意老師很機車，因為他沒有辦法接受學生有「放棄」的念頭或作為；他會當著全班的面，質問這些自我放棄的學生：這樣做，對他們有什麼好處？每一次上課，訓話都會再次上演，反反覆覆，彷彿老媽子在叨唸。（題外話一下，統測考完，有同學帶藍芽音響到班上，弘意老師要同學借他播放手機裡的音樂，流瀉出的竟然是「大悲咒」，我們大家都傻眼了。）

也許你會問，每一位老師都該這樣關心學生的吧？非也，曾經有老師一邊跟我說話，一邊打手機遊戲，連頭都沒抬起來。老師是否真心誠意關心學生，學生都能敏銳地覺察。

班上在高二時開始流行考證照、選手培訓，我都沒有參加，而是走向「機器人訓練」的路。當我在臺北市校際盃機器人高中職公開賽拿下第二名，得獎的訊息被放到學校的官方網頁，弘意老師留意到了這件事情，主動關心我準備的狀況。本來覺得與老師之間有一道隔閡，那一瞬間，產生了化學變化。

進入高三，是決定人生方向的關鍵時刻，我要顧課業，也要忙機器人競賽，弘意老師不是只教課本上的知識，而會特別分享他過往的迷失、當選手的心路歷程，那對我的人生是很大的補足和啟發；修習弘意老師的「專題製作」時，我的簡報就是結合對航空的興趣，聚焦「起落架模擬操作」。

念書這麼多年，弘意老師是啟發我這個「異類」最多的老師，過去老師的授課模式往往是「給予任務、學生完成」，弘意老師更在意學生是不是展現了自己的價值、能否走得夠遠。

考統測時，我以虎尾科技大學飛機工程系為目標，先從修飛機、理解飛機結構出發，希望能離航空夢更近一點；按照老師的方式鞭策自己，我把自己推到極限，但是放榜後，成績並不理想，我無法申請，轉而選擇了北科大工業工程與管理學系就讀。

「父母痛囝長流水，囝想父母樹尾風。」（編按：臺灣諺語，意指爸媽疼愛孩子有如涓涓溪水，永無休止；而子女們對父母的思念與孝心卻像樹尾上的風，一陣一陣）謝師宴上，班上有一群同學，把弘意老師當成偶像，排隊想跟老師搶拍合照。我們這群學生難以回報老師的付出，只希望有一天，我成為機師時，第一個要載的就是弘意老師，載他高飛，去到他想去的地方。

弘意老師眼中的林孚恩

走向對的路，願他能順風高飛

在孚恩的求學歷程中，我看到年輕時有點反骨的自己——大學時，我騎改裝機車，聲音很吵，停紅燈時被警察攔查，我差點跟警察吵起來——「這麼多人改裝機車，為什麼偏偏要查我？」

「你要騎改裝車，就巴結一點！」警察說。

還有一個求學時的故事，我也會和學生分享：為了趕家教，我曾逆向騎車離開加油站，當場被警察抓包。警察看了我一眼，狐疑地說：「你長這樣，讀師大？還能當家教？」又有一次，是在讀博士一年級時，我買了臺新車，回彰化的高速公路上開超過每小時一百三十公里；在路肩的警察揮旗子示意，我不顧警示，繼續往前開，最後是被警察追車鳴笛廣播才停下。

當下我向警察求情，可不可以放過我？一張罰單，要上好幾堂的家教才繳得起，但警察沒有通融，依法開罰。之後的畫面我記得很清楚，警察先生伸手關掉胸前的錄影機，然後和緩地說：如果要求情，在第一次示警的時候，就應該要停車。而不是逃跑後，再來求情。

我收下罰單，走向車子時，後方傳來警察大聲提醒：「路肩併入車道的時候，車速快，更要注意安全！」現在的我，就像那位警察，糾正學生，是教育，更是為了學生的前途。

學生往往血氣方剛，充滿犄角，但我常常告訴他們：從學校到職場，每個地方都有規矩，只要遵守，就不太會被刁難，每一位找你麻煩的人，不見得都是敵對，也可能是關心你的人。

孚恩是個很有想法的孩子，表達能力也很強，教導他時，不用為他準備太多（有些孩子的講稿則是要一個字、一個字盯），只要稍稍導引方向，就能看到他順風高飛。二〇二〇年一月，孚恩在臺東豐年自費參加飛行評鑑，那是他第一次開飛機，相信不久的未來，我就能搭上孚恩駕駛的飛機。

屢敗，屢戰！就是想成為臺灣國手

東南科技大學（全國賽金牌）陳冠維

這是第五年參賽了。經歷四年的挫敗，我坐在臺下，屏息，聽成績一一公布，第三名、第二名，都不是我，不是第一名，就是落空——忐忑的我，覺得這是三天比賽中最緊張的一刻。「第一名，陳冠維」，是我，是我！我大聲吼叫，拿著木柵高工、東南科技大學的校旗站了起來。

終於！緊張感一掃而空，我從蔡英文總統手中接過二〇二〇年「全國技能競賽」工業機械修護類的金牌，那樣的成就感，言語難以形容。

從小，我住在新北市深坑，就是一般般的人，媽媽是家庭主婦，爸爸則是工程師，全家就是希望安穩度日，這也養成我「不與人爭」的個性，若用動物比喻，我應該入住動物園裡的可愛動物區吧……

考高中時，因為爸爸曾就讀機械科，受他的影響，我選擇了木柵高工。原以為機械科偏向組裝、維修，實際一讀，才知道教學內容偏向零件製造，但我就慢慢練習，強化自己在CNC車床的技術（編按：CNC指電腦數值控制，為Computer Numerical Control的縮寫，CNC工具機為利用數位信號操作系統來控制生產的製程設備）。

苦練CNC車床一年多，我在高二下學期第一次參加比賽，卻連作品都無法完成，更不用說拿獎，當下，我有點失望，卻知道自己準備不足，前一天又熬夜練習，面對陌生的機臺，注意力無法集中，成果自然糟糕。

挫敗之後，聽從學長的建議，我轉往練習工科賽「傳統車床」項目，與電腦控制的CNC車床相比，傳統車床仰賴人工控制，但進入高三的我，其實有點徬徨，一起練習的同學後來決定好好準備統測，只剩我一人繼續練習，每個人一輩子只能參加工科賽一次，就是高三那一年，我也自然成為木柵高工推派的選手。

不管選擇哪條路，都會失去些什麼

「車床」是工科賽中競爭最激烈的項目，選手成績咬得很緊，有二、三十項尺寸會被放大審視，只要任何一個尺寸失誤，就準備向前三名說掰掰；比賽歷時三個半小時，超時開始扣分，要是未能在四小時內完成，就得停手——在那次比賽，我因為仔細清潔作品，被扣了時間分數，指導教練在場外跺腳著急，等我一走出，老師覺得我應該取捨，寧可提早交，不必太過在意小瑕疵。

七十人參賽，我拿到了第三十五名，我盡力了。

十一月底比賽告一段落，再過半年統測登場，我該怎麼辦？繼續堅持比賽，挑戰國手之路？還是飲恨準備統測？那時，吳佳霖學弟勸我，不管選擇哪條路，都會失去些什麼，與其猶豫不決，不如選擇一條讓自己比較不會後悔的道路——原本幾乎沒信心的我，放下胸中大石，決定繼續比賽，但不是比車床，而是轉戰機械修護。

機械修護不只要會車床，還要懂銑床、鉗工、組裝、焊接、雷射對心，這對我來說是全新的領域，之前練ＣＮＣ車床，老師比較放牛吃草，讓我自行練習，但坦白說，效率不是很高；拜入弘意老師門下之後，他為每個選手安排進度，而較晚加入的我，從基礎開始練習。起初，我幾乎跟不上弘意老師團隊的練習腳步，在磨合期，老師要求我設定目標：先過初賽，取得決賽門票。

「既然你曾經是車床選手，在車床項目，就不應該失分，至於其他練習，每一天，只要比昨天進步一些，就夠了！」聽弘意老師的叮囑，漸漸地，我覺得自己好像變了一個人，也開始會為自己做好計畫。

過去練習時，常常悶著頭做，不知道成品好壞；但在弘意老師的團隊，每一天，都要互相為彼此的作品評分，甚至直指彼此的瑕疵，如何可以更快、更好？無形之中，學生開始自我要求細節；除了技術，弘意老師非常要求實習工廠的環境整潔，小地方都做不好，哪能成就大事業？

練習到手見血的一晚

走上賽場，我第一次比機械修護，就拿到初賽北區金牌（第一名），那對我來說是很大的鼓勵；只是隔一周統測考試成績並不理想，技優甄審結果，勤益科大、彰師大、虎尾……我統統落榜，一間都沒上，最後透過分發，進入東南科技大學機械系。

整理心情，我繼續投入機械修護的決賽，在二〇一八年六月那個升大學的暑假，幾乎練習到嘔心瀝血——是真的見血！記得某一晚，當我準備削切焊接用的管子，自以為動作順暢、愈來愈快，卻不知道金屬切管機的保護蓋使用一久，已不再靈敏，手一伸，大拇指就被切到見骨，韌帶也斷了……

我趕快拔掉止滑手套，簡單包紮，跟同學搭捷運去醫院；隨後，校長秘書、實習主任、弘意老師和師母都趕到，醫院先清創，再縫合我的右手大拇指，直到深夜，我才回家。

因為手受傷，我中斷練習了大概一個月，儘管心急如焚，我的手根本沒辦法工作，直到醫師建議固定好大拇指、准許我重返實習工廠，我才開始練習用左手，在銑床時把工件敲平、修整工件的毛邊。決賽時，原本不擅長銑床的我，發生了失誤，一起練習的學弟吳佳霖拿下第一名，我則是第六名。

我不甘心，但似乎「失敗」如影隨形，進入大學，我依舊為比賽做準備、整個暑假都泡在實習工廠；二〇一九年比賽，換木柵高工的學弟吳俊諺拿第一名，我則拿到了第四名。

跌倒再多次，也不會想離開

屢敗，屢戰，問我的目標是什麼？是那一面決賽金牌、甚至在二十一歲（年齡門檻上限）之前，成為臺灣的國手。每一次失敗，我會看自己的不足之處、哪裡又能繼續成長；每當輸到垂頭喪氣，我就會自我精神喊話：一旦失去鬥志，就浪費了失敗的經驗。

二〇二〇年九月，「第五十屆全國技能競賽」登場，這是我第五年參加比賽。有別於前兩次決賽在臺中職訓局登場，工廠味道瀰漫，氣氛十分肅殺；這次比賽則是在臺北市的南港展覽館，不僅開放參觀，也可以看到其他職類選手的表現，這讓我更放鬆，也享受這樣的過程，比賽最後兩天，爸爸還載我去，那是一股安穩的力量。

我從來沒想過自己會這樣在乎比賽，為一件事情全力拚命，更從來沒想過自己在競爭的環境下，能得到豐碩的成果——是弘意老師讓我學習對一件事情保持熱情，跌倒再多次，也不會想離開。

接下來在二〇二〇年十二月，國手選拔就要登場，四位木柵高工的學弟和我會一較高下，我們五人之中，曾經締造三金、一銀、一銅，而在這一年，機械修護會和綜合機械合併，國手選手競爭勢必加倍激烈，我會準備好——來到這個競技場，大夥兒實力都差不多，我不會小看學弟們，更不會小看自己。

弘意老師眼中的冠維

使命必達，讓人安心的左右手

不用看到這個孩子，遠遠聽到那腳步聲，我就知道冠維來了。

他的腳步總是從容，之前見他練習車床，因為並非我指導，關係就是淡淡的，只見他有禮貌，做事情有自己的步調，也會和同學打成一片（他個性很好，常常被學弟逗鬧，卻不會發脾氣）。

青年組金牌

後來愈來愈熟，才發現對老師來說，冠維堪稱「天使型學生」，不僅願意直視自己的缺點，在高度競爭之下，也始終願意「給予」，當他成為學長後，不吝向後進者傳授經驗，甚至當我跟學生發生齟齬，冠維還會扮演潤滑劑的角色。

看冠維一直沒拿到獎牌（前三名），其實我的壓力很大，擔心長年的訓練，耽誤了他的課業和人生。幸好他進入的東南科技大學非常願意和木柵高工攜手栽培孩子，不僅將冠維選為校園裡最年輕的「傑出青年」，更提供材料、場地與設備，一同培訓冠維參加國手選拔賽。

冠維的求學歷程，展現了「寧為雞首，不為牛後」的孩子，也能發光發熱。刻板印象中，冠維身處競爭沒那麼激烈的環境，但只要努力學習，孩子專注做好一件事情，更能得到旁人認可，自我信心無形之中也提升，對於未來的求學、求職發展有正向幫助。

可預見的是，當冠維踏入職場，老闆交辦的任務，他肯定能使命必達，相信他會是主管能安心依傍的左右手，而這也是教育的美好成果。

努力大於天賦的孩子

臺北科技大學（全國賽金牌）　吳佳霖

高一，弘意老師教我機械製造。有一次發考卷，老師問我一句：「要不要當選手？不管你有多爛，我一定有自信，把你帶到全國金牌……」

我小時候脾氣不太好，平常風平浪靜，可以和一群人玩在一起，但只要碰我某些底線，就會大爆發：吼同學、吼老師——記得國中時發生過一件很智障的事，打掃時間，老師規定我們不能去合作社買東西，我餓了，還是跑去買點心吃，回來後被老師發現，他咆哮我，我也罵回去。

面子問題嘛！

畢業時，我原本想讀私立的綜合高中，但爸爸要我去念公立學校，有一技之長（譬如機械），不要像他一樣開遊覽車，而木柵高工就是臺北公立學校的尾巴——現在我滿慶幸的，如果沒聽爸爸的話，我也不會遇到弘意老師，弘意老師真的是我的貴人。

剛上高中的我，根本不知道什麼叫「技能選手」，是第一次上實習課，聽老師講起學長拿金牌的故事，我才開始萌發夢想。從鉗工開始，實習課愈做愈認真，無奈的是，我沒什麼天分，尺寸精準度、速度都不好，不管我怎麼做，總是倒數一、二名。

無望了吧？但我沒放棄，下課後衝去找老師，說自己想當選手、想一起練習；老師很注重品格，還記得那時有位一起練習的學長，靠著幫班上同學製作乙級工件來賺錢，事情曝光後，老師果斷要他退出選手的訓練——在老師心目中，努力大於天賦，就算有天賦而不努力，還是會被超越。我既然沒有天賦，就跟著老師的訓練步調慢慢前進。

聽老師的話，比聽爸媽的話還要多

透過選手的訓練，我才發現：只要專心做一件事情，剛開始的十分鐘，也許會緊張，但進入狀態後，會愈來愈平靜。

訓練過程中，當弘意老師覺得學生進入狀況，就會放手；如果程度比較不好，反而是緊盯（就像是我），然而，不少同學想不通老師的心意，覺得他很煩，但弘意老師並不會高談人生大道理，而是分享自己的人生故事。

在老師、爸媽和我們之間，有一個通訊群組，讓爸媽也清楚知道老師想要傳達些什麼，我可以打包票，在木柵高工三年，我聽老師的話，比聽爸媽的話還要多。

二〇一八年，我拿下全國技能競賽金牌，篤定有大學可以念，老師扮演起烏鴉，提醒我：「在大學裡，選手往往被貼上只會技術、不會讀書的標籤……」我很怕自己靠技術擠進一流的科技大學，卻因為學業被迫休學，甚至退學，於是花更大的心力在學業上。幸好，目前大一的課業沒想像中那樣恐怖，只是平常玩在一起的同學，考試前念一、兩個小時，成績可能比我苦讀一整天還要好。

從工廠實作模式，切換成讀書模式，我的腦袋真的大打結，但我會繼續拚。

弘意老師眼中的吳佳霖：

技不如人，更要奮起直追

佳霖非常認真，在他高一時，我就讓他與曾拿下全國金牌的學長組隊，參加三人一組的「集體創作」比賽，但賽前，這一組學生屢屢爭執，沒想到比賽前一天，佳霖一直認為學長不夠認真，學長則覺得學弟（佳霖）憑什麼來講他——最後，學長拿起鋁條準備要K佳霖，學長的媽媽甚至還衝來學校，加入質問、責難佳霖的行列。

看在其他學生眼中，心裡都有一把尺。

儘管才高一，吳佳霖發現團體競賽只有一個人在努力，是徒勞無功的，一直忍到比賽前一天，他眼見學長連工具都沒準備好，才終於爆發。

當時我在臺中擔任評審，爭執鬧到半夜兩、三點，隔天七點家長早已經在校長室等著；但直接棄賽也不是選項，因為無故不到，隔年學校會被禁賽，只好讓這一組火氣滔天的年輕人硬著頭皮去報到，再請假。

那之後，我跟佳霖全家人愈來愈熟：佳霖的爸爸開遊覽車，媽媽則是遊覽車車長兼帶團的導遊，全臺趴趴走的吳爸爸、吳媽媽總是在孩子入睡

後回家，睡前又得出門跑車，只能時不時請朋友拿中藥來學校、幫孩子補身體，藉此看顧自己的孩子。

吳爸爸、吳媽媽愛屋及烏，每到一個地方，都會買來名產，請實習工廠的同學一起吃；而面對佳霖和學長的爭執，吳媽媽也要求孩子一定要先跟學長道歉，無論誰對誰錯。

老師會教，也要學生肯學；技不如人，更要奮起直追。

佳霖的個性有點衝動，又很拚，以前我當選手時，每天會把一、兩公斤重的車床作品放在書包背回家，睡覺前，從各個角度審視，想著有沒有缺點；吳佳霖也是如此，他對自己的要求非常高，不會輕易妥協，只要問題沒有解決，睡不著，就會把疑難雜症傳訊息問我。我結婚前，還沒有孩子繫絆，不管再晚，我都會立刻回覆，當我發現難以用文字回答時，還曾經半夜跑回學校，跟他一起思考，見天快亮了，才要他趕快睡覺，我再回家。

在所有選手裡面，佳霖應該是最沒有祕密的人，有什麼事情都會直接找我討論，他大概是我目前傳過最多訊息的人吧（可能比我老婆還多）。

從越南到臺灣的生存挑戰

彰化師範大學　梁如姮

我來自越南，母語是廣東話、越南話。

我的媽媽是越南華僑，有中華民國護照，在我十歲時，帶姊姊和我來到臺灣。在越南時，我已經上過簡體中文的課程，但剛來到臺灣，中文聽與說都有困難，花了幾個月才克服。

念國中時，我最喜歡數學課，考試都有八、九十分，全部成績在班上大概排在前十名；但我小考還行，大考就會失常，不知道是不是跟中文程度有關，題目看一看就恍神，最後不知道自己在寫什麼……

之所以選擇木柵高工，其實是因為學校離家裡近，而讀機械則是姊姊的建議，她覺得比較不容易失業——但一念我就後悔了，因為我對機械完全沒有基礎知識，高一常常讀到哭，段考才考二十幾分，常常懷疑自己真的適合念機械科嗎？

但是，我不服輸。我的家境沒有比旁人好，自然要更努力——媽媽每天清晨五點多就要起床，到早餐店工作，大我六歲的姊姊在大安高工夜間部半工半讀，我自己能讀木柵高工，自然要更努力。

靠著苦讀，我的成績在班上大概都在前三名，弘意老師對我的要求自然也高。記得有一次考力學「曲線運動」，我小考只拿三十分，弘意老師發考卷時，多說了一句：「梁如姮，你在幹什麼東西？」

我回家哭得好慘，回去還把考卷重算兩遍；我瘋狂讀講義，複習了好幾次；後來追不上老師上課的速度，我還會拿出手機錄影，回家再聽一次。

來自老師的建議與陪伴

段考之前，同學常常要我教他們數學，我很有成就感，只是有時，我的口氣比較急、比較兇，被弘意老師聽到，他會開罵：這樣以後怎麼當老師？

我根本沒想過當老師，為了家計，我比較希望能當工程師，但我在大考還是失常了，最後進入彰化師範大學——這也是弘意老師的建議。原本我對面試沒有信心，因為我害怕跟陌生人講話，但老師說，以後工作總是要面試，於是他一步步帶我整理備審資料，又陪我練習模擬面試到晚上九點多；一次又一次，老師一直幫我想辦法。

對我來說，老師就像我的爸爸，每當他在課堂上分享自己的經歷，座位上的我就會想成是父親在講道理——他與其他老師不太一樣，別的老師比較乖（也可能是不願意與我們分享頑皮的一面），反觀弘意老師，未成年就騎車、還曾經在撞球館被人拿安全帽打到門牙斷掉，今天能成為老師，是他靠後天努力，一步步掙來的。

九月，我要啟程往彰師大，扛著弘意老師給我的滿滿行囊，希望能努力成為讓老師感到驕傲的學生。

弘意老師眼中的梁如姮：

穿過考試的低谷，找到理想的目標

木柵高工機械科一屆有一百一十人，在梁如姮那一屆，只有四位女生，她是成績最好的，但考起試來也是最失常的。

如姮的媽媽來自於越南，記得第一次上他們班的課、聽如姮說話，納悶於這孩子怎麼口音不太一樣？直到高三如姮來辦公室詢問升學建議，才知道她跟媽媽是新移民，住在臺北市的社會住宅，家境並不寬裕。

曾聽她的班導師說，常常幫如姮填好獎學金申請書，她都不願意去申請，詢問輔導老師才知道：這可能是一種心理防禦機制，不願意被看不起。

她就是這麼倔強的孩子。

說起課業，如姮各方面表現都很積極，高二時修我的「電腦輔助製圖實習」、高三時修「工程力學」，每學期成績都在九十分以上，一直都讓我很放心，直到五月第一周，她統測考砸了，滿分七百分，她只考了四百零四分。有一天，她下課突然跑來找我，我與她見面的第一句話就是：「你考不好吼？」

她眼睛頓時充滿眼淚。

LE LIFE
is a happy one!
SIMPLE LIFE
弘嘉老師
對我來說，您就像我的爸爸一樣！
課堂上分享著自己的經歷，從每件事情中所獲得的道理，在座位上的我就會想成是父親在講人生大道理；有次我力學才考30分，您發考卷給我時：「梁如姮！你在幹什麼東西！」，我自己就特別難過，就好像考差了被罵一樣，回去還把考卷重算兩次。總之，很謝謝您一切的指導和幫助，無論是備審、模擬面試自我介紹、甚至是課堂上的各個人生經驗分享，謝謝您！
梁如姮 2020.06.16
我會努力成為
讓您感到驕傲的學生
SHARE MY LIFE WITH YOU

我嚇到了，不知道怎麼繼續講下去，只好請她去工廠冷靜一下。慢慢地，她心情平復，才告訴我統測結束後，她已經自我放棄了兩個星期，導師甚至送她到輔導室諮商。

班上排名始終是前三名的零負評孩子，怎麼會考出這樣的成績？原來如姮容易緊張，小考小錯、大考大錯，只要一緊張，腦中就會一片空白；也因為統測成績考差了，所以想來聽聽我的建議：靠這樣的分數，如何能申請到理想的大學？

考慮到如姮有優異的在校成績跟家庭因素，我建議她透過「四技二專甄選入學」來申請大學，甄選入學每位考生可報名三個志願，分成兩階段甄試，第一階段用統測成績篩選，第二階段著重書面資料與在校表現，這對她來講是一大優勢。

我也不斷慫恿她，將師範大學填入志願，因為當老師很穩定，可以精準計算自己的薪水，也享有教育子女、保險的補助，以她的家庭狀況來說，是一條可以思考的人生道路。

其實我不太願意幫學生看備審資料，甚至連我一手訓練的選手，都不見得敢拿給我看，就怕未達標準、被我念；但我仔細讀完如姮的資料後，更想拉她一把。我花了整整一個星期幫她寫推薦函、修改書面資料、模擬面試等，就連口試的自我介紹、坐姿、聲調、時間，甚至連座椅是否靠攏，都一一揣摩、練習。

在寫這本書的時刻，得知如姮考上彰師大，我高興得想哭。願她穿過考試的低谷，繼續往上爬，去到自己理想的地方。

為如姮寫的推薦信

我是弘意，擔任梁如姮同學高二和高三的任課老師，在教職近十年來，如姮是我教過最優秀的學生。如姮是越南移民臺灣的新住民，爸爸在她幼年的時候，因故過世，是媽媽獨自撫養她和姊姊長大，領有政府的低收入補助。

實際上，在如姮還沒請我寫推薦函之前，我也未曾聽她或是她的導師聊起其家庭狀況；若單從教學過程觀察，無論學科或實習課程，如姮始終勤學上進，不受現實所困，展現韌力。

猶記在二年級電腦製圖課時，如姮某次上課突然舉手發問，請求是否可以手機錄影上課內容。現在想起來，原來是因為如姮小時候的慣用語言是越南語，現在正努力學習中、英文，但也因為這樣的成長背景，讓她具備國際文化視野，學習更為廣泛多元。

細數如姮這三年的在校表現，不僅學業成績排名全班第二，實習成績更名列全校機械類群第一名，學術科表現非常傑出，是木柵高工的優良學生和禮儀青年。

在課外活動上，如姮除了個人參加書法寫作、閱讀心得競賽有很好的成績，更帶領班上同學共同成長，參加臺北市英語歌唱競賽、校慶籌辦活動等。同時，也擔任學校糾察隊、晚自習義工與社團幹部，熱心助人並且主動積極，各方面表現都極為優秀，是多年難得一見的好學生。

因此，我特別撰文，極力推薦梁如姮同學。

木柵高工三年級（全國賽金牌）吳俊諺

國中成績倒數，卻成為最年輕的金牌得主

二〇一九年「全國決賽工業機械修護」揭曉成績，廣播叫到「吳俊諺」三個字時，我的心一直瘋狂亂跳，腦袋簡直要爆炸了，金牌！真的嗎？上臺前，我不停回想我為什麼會得獎？是作夢嗎？

是真的。從小，我的學業成績表現普普，到了國中成績更差；反觀哥哥，從國小、國中到高中，成績都很好，爸媽會拿哥哥當典範，要我跟他一樣，真有種活在哥哥「陰影」底下的感覺。但我努力過，國一的成績還

是在全班最後三分之一，從來沒有嘗過甜頭。

國中一、二年級沒目標的我，對讀書興趣缺缺，若說有什麼喜歡的，就是動手做東西，剛好國三有技藝班，爸爸又是木柵高工冷凍科老師，給了我很多意見。在家人的支持之下，我很快就決定要走技職這一條路。

立定志向之後，我開始準備「技優甄審入學」（按：現行國中升學管道之一），因為父親在木柵高工任教的緣故，國三時便認識了指導「鉗工」項目的弘意老師：老師總是一張酷酷的臉，不苟言笑，看起來很可怕，他的每一句話都是「絕對的命令」，但我自以為是技藝班第一名，非常有自信，當老師在實習工廠裡教我不同的操作技巧時，我只覺得很討厭，也不想聽。

後來憑著技藝班的成績，進入了我的第一志願：木柵高工。

高一的校內選拔賽，我拿到第三名，順利成為正式選手，得以代表學校參加全國技能競賽初賽，並和其他選手一起展開訓練。有了競爭者，我開始感受到壓力，也改變了我原本散漫的態度。

練習到打地鋪過夜，與大老鼠四目相對

經過幾個月的集訓，我只在北區初賽得到第五名，勉強進入決賽門檻，成績沒有預期得好，這讓我很挫敗；雖然家人從旁給我很多建議，但我就是聽不進去。媽媽要我思考：你不喜歡讀書，又不想練習，那你能做什麼？就在父母、老師的勸導與鼓勵下，我沉澱下來，決定繼續準備比賽！但，回到訓練團隊才發現，在我徬徨的這段時間，大家的程度已經遠遠領先我——這下子我壓力更大了。

升高二的暑假揭開序幕，同學都玩得不亦樂乎，迎接我的卻是一連串魔鬼訓練，成員包括同屆的同學、一位升高三的學長，還有一位已經讀科大的學長。我們從早上七點多開始練習，直到晚上十一、二點收工，有時還會練習到凌晨一、兩點，就在機械科辦公室打地鋪過夜。半夜，我們還曾經與大老鼠四目相對，但實在累到沒力氣害怕。

又剛好是這一年，老師要帶學姊（按：詹子儀，十七歲就拿下全國技能競賽「工業機械修護」職類銀牌，而後當選國手，是該項職類第一位女性國手）出國比賽，沒辦法陪在我們身邊——不過老師可沒有「放過」我們，早早就備好題目、安排訓練進度。

在老師眼中，我的練習態度隨便、工作環境不夠整齊，儘管一天到晚挨罵，我卻不敢有任何異議，因為如果不照他提示的方法做，不僅會撞得滿頭包，也會繼續被罵。

曾到廁所偷哭，幾乎失去練習的動力

我其實非常渴望得到老師的稱讚，也不斷尋找進步的方法，除了四處向學長討教，更找其他職類選手討論，雖然有感覺到進步，成績依舊吊車尾；慢慢地，愈練習愈氣餒，覺得自己不可能得名了。

沒信心、失去鬥志，之後幾次模擬賽的成績也愈來愈爛，被罵成了家常便飯，麻木到自己幾乎失去練習的動力——趁弘意老師去看其他選手的練習狀況，我常會躲到廁所偷偷哭。

卡在撞牆期的我，還好有身邊一起比賽的夥伴，我們互相鼓勵、陪伴，共同度過黑暗；要是半途而廢，我真的不甘心，多虧彼此的支持，讓我努力到最後一刻，順利完成比賽。

記得決賽賽程有五天，比賽第一天結束的晚上，我跟另一位高三學長當天狀況比較不如預期，老師把我們倆叫去房間討論隔天的比賽策略，叮囑到凌晨一點多，另外兩個選手則早早就入睡了。

經歷過這段選手訓練，我成長了不少，感謝弘意老師用心地教導與督促，還有夥伴的陪伴與幫助，更謝謝堅持到底、永不言放棄的自己——而今，我期許自己要認真讀書，把積欠的功課補回來，就算手握大學門票，我也怕自己只有一技在身，卻沒辦法應付接下來的課業。

不少人說，參加比賽與課業是天秤兩端，只能取捨，我倒是有不同的想法：在實習工廠練習後，回到課堂，反而對知識學習更有幫助；接下來，我希望成為國手，闖過一關又一關，出國比賽，為國爭光。

弘意老師眼中的吳俊諺：

學習技能，讓孩子從內心改變

近年，國際職業教育的趨勢注重向下扎根，透過職業探索和技藝教育，幫助孩子找尋自己能勝任且感興趣的職科，選擇未來的方向。而從二〇一九的俄羅斯喀山國際技能競賽（WorldSkills Kazan 2019）開始，十四到十六歲的青少年組賽事登場，便是希望透過國際會員國網絡，鼓勵更多孩子趁早投入技能學習。

大多數國中技藝競賽上來的同學，都會遇到一大問題——驕傲。因為他們國三曾參加技藝班，起步得早，在高一的實習課多半能領先同學，有時會聽不進去老師教的，最終反而被人彎道超車。

第49屆全國技能競賽
The 49th National Skills Competition
頒獎典禮

不過，俊諺很早就知道自己的方向，在國三參加技藝學程，這點在現行臺灣的升學制度底下實屬不易。他的爸爸希望我幫他訓練小孩，我二話不說就答應；剛開始，俊諺真的是小屁孩，並不認同「選手」這一條路，我叨唸再多，他也聽不進去，甚至還會擺一張臭臉給他爸爸看。

俊諺在訓練過程中，與木柵高工的學長、姐相比，實作成績幾乎都吊車尾，但成績愈差的同學，通常會得到我更多的照顧，從俊諺國中到現在升高三，已經整整訓練了三年，幾乎全年無休，而訓練成績永遠在最後一名，那是多大的壓力？他克服了，甚至投入更多時間加倍認真練習，這很值得大家學習。

二〇一九年九月，才高一、剛滿十六歲的俊諺，拿下全國技能競賽工業機械修護職類金牌，取得保送大學資格，是最年輕的金牌得獎者；原以為俊諺已經握有大學門票，這次比賽應該就是他的終點戰了，沒想到他不思因此停下訓練，想追隨學長、姐的腳步，目標是取得「二〇二一年上海世界技能大賽」的國手資格。

回想他剛進來木柵的學習態度，跟現在的積極、進取，簡直有天壤之別，原來學習技能，真能讓孩子從內心改變。就這樣，俊諺回到了我的團隊，繼續訓練的節奏，他的故事譜寫，未完待續。

國家圖書館出版品預行編目資料

撕下標籤，別讓世界看扁你：我們都值得被看見！
技職老師與學生的追夢故事 / 楊弘意著. -- 初版.
-- 臺北市：三采文化股份有限公司，2021.01
面； 公分. -- (Mind Map；218)
ISBN 978-957-658-465-7(平裝)

1. 楊弘意 2. 技職教育 3. 教師 4. 臺灣傳記

783.3886 109019119

suncolor 三采文化集團

Mind Map 218

撕下標籤，別讓世界看扁你

我們都值得被看見！技職老師與學生的追夢故事

作者｜楊弘意
副總編輯｜郭玫禎 執行編輯｜張立雯 特約編輯｜姜釣
美術主編｜藍秀婷 封面設計｜池婉珊 內頁排版｜周惠敏
行銷經理｜張育珊

發行人｜張輝明 總編輯｜曾雅青 發行所｜三采文化股份有限公司
地址｜台北市內湖區瑞光路513巷33號8樓
傳訊｜TEL:8797-1234 FAX:8797-1688 網址｜www.suncolor.com.tw
郵政劃撥｜帳號：14319060 戶名：三采文化股份有限公司
本版發行｜2020年12月31日 定價｜NT$380

suncolor